Andreas Alders

Befreit zur Freiheit

Andreas Alders

Befreit zur Freiheit

40 Reichenbacher Predigten

Fromm Verlag

Impressum / Imprint
Bibliografische Information der Deutschen Nationalbibliothek: Die Deutsche Nationalbibliothek verzeichnet diese Publikation in der Deutschen Nationalbibliografie; detaillierte bibliografische Daten sind im Internet über http://dnb.d-nb.de abrufbar.

Bibliographic information published by the Deutsche Nationalbibliothek: The Deutsche Nationalbibliothek lists this publication in the Deutsche Nationalbibliografie; detailed bibliographic data are available in the Internet at http://dnb.d-nb.de.

Coverbild / Cover image: www.ingimage.com

Verlag / Publisher:
Fromm Verlag
ist ein Imprint der / is a trademark of
OmniScriptum GmbH & Co. KG
Heinrich-Böcking-Str. 6-8, 66121 Saarbrücken, Deutschland / Germany
Email: info@frommverlag.de

Herstellung: siehe letzte Seite /
Printed at: see last page
ISBN: 978-3-8416-0548-1

Inhaltsverzeichnis

1. Predigten Altes Testament

2. Predigten Neues Testament

3. Predigten zu besonderen Anlässen

4. Predigten für einen Evangelischen Schulverein

1. Predigten Altes Testament

Durch die Schöpfung leben

Open-air-Gottesdienst zur Landesgartenschau Reichenbach. 2009.

1. Mose 1, 27

(27) Und Gott schuf den Menschen zu seinem Bilde, zum Bilde Gottes schuf er ihn; und schuf sie als Mann und Frau.

Liebe Landesgartenschaubesucher, liebe Gemeinde,

schon in einer sehr frühen Phase unseres Nachdenkens über das Engagement der Kirchen hier auf der Landesgartenschau haben wir die Monate des Jahres 2009 in Themen eingeteilt. Diese Themen sollten das Grundanliegen der Bewahrung der Schöpfung auffächern und in den Ausstellungen im Kirchenpavillon, in den Mittagsandachten und natürlich auch im Gottesdienst, den wir an jedem ersten Sonntag im Monat hier auf der Waldbühne feiern, wiederkehren.

Nachdem wir im Mai mit der Schöpfung erwacht sind und uns im Juni an der Schöpfung gefreut haben, heißt es jetzt, darüber nachzudenken, auf welche Weise wir durch die Schöpfung leben.

Durch die Schöpfung leben – das scheint zunächst einmal etwas völlig selbstverständliches zu sein, etwas, worüber man nun wirklich nicht viele Worte verlieren muss: Denn: gäbe es die Schöpfung in dieser Form nicht, würde es auch kein

Leben geben, würde es uns Menschen nicht geben. Wir alle leben, weil Gott diese Welt so, wie wir sie vorfinden, geschaffen hat. Wir alle leben also durch die Schöpfung.

Warum also dieses Thema, das schon nach wenigen Gedanken darüber erschöpft zu sein scheint? Nun, „durch die Schöpfung leben" heißt mehr als sich nur darauf zu besinnen, dass ich als Mensch nur deshalb bin, weil diese Welt existiert. Es heißt vielmehr: Was macht mein Leben aus, was ändert sich in meinem Leben, in meinem Verhalten, in meinem Denken, ja in der ganzen Wahrnehmung meiner selbst, wenn ich mein Leben rückbeziehe auf die Schöpfung, wenn ich es als Gottes Werk, als sein Geschenk verstehe?

Schauen wir auf den ersten Schöpfungsbericht in Genesis 1, dann sehen wir, wie Gott ein schöpfungsgemäßes menschliches Leben gemeint und gewollt hat. Der Mensch wird geschaffen mit zweierlei Attributen: als Ebenbild Gottes und in Bezug auf ein Gegenüber. Und über Letzteres möchte ich gern mit Ihnen ein wenig nachdenken. Gott schafft den Menschen als Mann und als Frau, das heißt: Der Mensch ist von Beginn an kein Einzelgänger, sondern ein kollektives Wesen, ein gesellschaftliches Wesen. Er braucht zum Existieren das Gegenüber, den Bezug auf den anderen.

Wenn wir also mit unserem Juli-Monatsthema sagen, wir leben durch die Schöpfung, dann fragen wir danach, wie unser Verhältnis zu dem Menschen neben uns aussieht.

In unserem Alltag begegnen wir Menschen, jeden Tag, ständig und immer wieder. Wie begegnen wir ihnen? Lassen Sie diese Frage ruhig einmal kritisch an sich heran. Wie nehmen mich andere Menschen wahr? Gehetzt, genervt, zynisch, resigniert, selbstsüchtig... oder liebevoll, verständnisvoll, offen, barmherzig? Von

Mutter Theresa stammt eine Regel, die so phantastisch formuliert ist, dass man meint, wenn sie beherzigt würde, könnte das Leben umfassend gelingen. Sie lautet: „Lass nicht zu, dass Dir ein Mensch begegnet, der nach der Begegnung mit dir nicht glücklicher ist.“ Menschen glücklicher zu machen ist für mich ein Grundgedanke eines Lebens durch die Schöpfung. Wobei es dafür kein Rezept gibt. Jeder, der vor mir steht, braucht es anders. Aber es ist nicht schwer. Man muss es nicht umständlich einüben. Es reicht, wenn mir im Unterbewusstsein klar ist: ich möchte jetzt, dass mein Gegenüber glücklicher ist, wenn wir uns verabschieden.

Gleiches gilt für meine Arbeit, meinen Beruf. Wie steht es mit meinem Umgang mit denen, die mit mir zusammen arbeiten? Übervorteile ich sie? Bin ich als Chef ungerecht, aufbrausend, launisch? Mache ich Dienst nach Vorschrift oder bemerke ich selbst, wo es nötig ist, dass ich zugreife? Im Grunde greift Mutter Theresas Regel auch hier. In welcher Position wir auch immer uns befinden.

Natürlich: schwierig wird's bei den Menschen, die wir als schwierig wahrnehmen. Es gelingt uns nicht immer, die Geduld aufzubringen, die es bei manchen Zeitgenossen einfach braucht. Und einfach nur ein Dauerlächeln aufzusetzen, das kann es ja letztlich auch nicht sein. Aber vielleicht hilft es für unseren Umgang mit schwierigen Menschen, dass wir uns klarmachen, wie und auf welche Art und Weise andere Menschen mich als schwierig wahrnehmen könnten! Und wir werden staunend bemerken: Über das Schmunzeln über uns selbst kommen wir zu einer viel größeren Lockerheit und Entspanntheit mit den so genannten schwierigen Menschen.

Und schließlich: Da gibt es Menschen, die mir nicht spontan begegnen. Sie sind oft vergessen, weil sie alt sind, krank oder behindert. Auch sie sind meine Nächsten und ich muss mich zu ihnen auf den Weg machen. Auch das heißt durch die

Schöpfung leben: das Wahrnehmen von Leid in meiner unmittelbaren Umgebung wie auch in der Ferne. Menschen, die durch die Schöpfung leben, sehen es und machen sich auf den Weg, Leid zu lindern. Es ist nicht immer nur menschliches Leid. Es kann auch das Stöhnen der Kreatur sein, die unter unserem Lebensstil leidet.

Durch die Schöpfung leben heißt also, mit offenen Augen und Ohren durch diese Welt zu gehen, wahrzunehmen, was um mich herum geschieht. Durch die Schöpfung leben heißt auch, nicht nur um mich selbst und meine Bedürfnisse zu kreisen. Aber durch die Schöpfung leben heißt nicht, ständig nur mit einem Problembewusstsein durch diese Welt zu gehen. Durch die Schöpfung leben heißt auch, sie genießen zu dürfen.

Sie tun dies heute an diesem schönen Tag an diesem schönen Ort hier auf der Landesgartenschau. Und wenn Sie zuweilen an Mutter Theresas Regel denken, dann werden Sie spüren, welche Kraft Ihnen durch Ihr Leben aus der Schöpfung zufließt. Noch einmal: „Lass nicht zu, dass Dir ein Mensch begegnet, der nach der Begegnung mit dir nicht glücklicher ist."

Ökologische Einsichten

Der zweite Schöpfungsbericht. 2014.

1. Mose 2 (in Auswahl)

(4) Es war zu der Zeit, da Gott der HERR Erde und Himmel machte. **(5)** Und alle die Sträucher auf dem Felde waren noch nicht auf Erden, und all das Kraut auf dem Felde war noch nicht gewachsen; denn Gott der HERR hatte noch nicht regnen lassen auf Erden, und kein Mensch war da, der das Land bebaute; **(6)** aber ein Nebel stieg auf von der Erde und feuchtete alles Land. **(7)** Da machte Gott der HERR den Menschen aus Erde vom Acker und blies ihm den Odem des Lebens in seine Nase. Und so ward der Mensch ein lebendiges Wesen. **(8)** Und Gott der HERR pflanzte einen Garten in Eden gegen Osten hin und setzte den Menschen hinein, den er gemacht hatte. **(15)** Und Gott der HERR nahm den Menschen und setzte ihn in den Garten Eden, dass er ihn bebaute und bewahrte. **(19)** Und Gott der HERR machte aus Erde alle die Tiere auf dem Felde und alle die Vögel unter dem Himmel und brachte sie zu dem Menschen, dass er sähe, wie er sie nennte; denn wie der Mensch jedes Tier nennen würde, so sollte es heißen. **(20)** Und der Mensch gab einem jeden Vieh und Vogel unter dem Himmel und Tier auf dem Felde seinen Namen.

Liebe Gemeinde,

was wir hier vor uns haben, ist eines der ältesten Stücke, die wir in unserer Bibel finden. Wir nennen diesen Text den zweiten Schöpfungsbericht, weil er dem sogenannten ersten Schöpfungsbericht folgt. Trotz dieser Reihenfolge ist der 2. Bericht jedoch ca. 400 Jahre älter. Verfasst wurde er im Wesentlichen vom sogenannten Jahwisten, der vermutlich zur Zeit Königs David (um 1000 v. Chr.) lebte. Sein Schreibstil unterscheidet sich deutlich von dem der Priesterschrift, die von der Schöpfung in 7 Tagen spricht. Er ist volkstümlicher, spontaner, nicht so systematisch konstruiert. Auch der Jahwist wartet, ebenso wie die Priesterschrift, mit verblüffenden Einsichten und Schlussfolgerungen auf.

Die Erschaffung des Menschen steht bei ihm nicht wie in der Priesterschrift am Ende der Schöpfungstätigkeit, sondern am Anfang. Die Tatsache, dass man damals wusste, dass der Mensch nach seinem Tod „zu Erde geworden ist", wenn er lange genug in dieser gelegen hat, führte zu der messerscharfen Schlussfolgerung, dass er dann auch von Erde genommen sein muss. Der Abschnitt dazwischen, der, in dem der Mensch „lebt", ist ein Abschnitt, in dem dieser zwar immer noch Erde ist, aber etwas Göttliches, nämlich Gottes Atem in sich trägt. So kommt dieses wunderschöne Bild zustande, das von einem Gott spricht, der allem Lebendigen seinen Atem gibt, wie es auch Paulus 1000 Jahre später noch beschreiben kann.

Das, was Gott hier tut, ist etwas ganz Liebevolles. Der lebensschaffende Akt wird uns wie eine Mund-zu-Nase-Beatmung geschildert. Dadurch erhält der Lehmkloß sein Leben. Fortan gehört beides untrennbar zusammen: Erde und Atem, Körper und Seele. Bonhoeffer kann sagen: Der Mensch ist „zum Menschsein berufene Erde". Und indianische Urvölker beschreiben den Menschen als „Erde, die geht".

Man kann also die Gleichung aufstellen: Leben = Erde + Gottes Atem. Offenbar benutzt Gott in dieser Vorstellung für seine schöpferische Tätigkeit etwas außerhalb von ihm Befindliches, etwas, dass er offenbar vorgefunden haben muss, nämlich die Erde. Sie ist sozusagen Gottes Schöpfungspartner. Auch im ersten Schöpfungsbericht erfolgte die Schöpfung nicht aus dem Nichts, sondern Gott benutzte das Wasser, die vorfindliche Urflut, sozusagen als Rohmaterial. Aber im Gegensatz zum Wasser bleibt die Erde nicht passiv, sondern greift aktiv ins Schöpfungsgeschehen ein, so der Glaube der Menschen damals. Gott sagt (zu wem, wenn nicht zur Erde?): Lasst uns Menschen machen! Damit korrespondieren zwei weitere Beobachtungen: In der Offenbarung des Johannes (verfasst um 120 n. Chr.) ist es die Erde, die der Frau bei ihrem Kampf gegen den Drachen hilft. (Offb. 12,16) Die Erde spielt also nicht nur bei der Schöpfung am Anfang der Zeiten sondern auch bei der creatio continua, bei der fortlaufenden Schöpfung oder bei der Erhaltung der Schöpfung eine Rolle. Nichts anderes beschrieben die Wissenschaftler Lynn Margulis und James Lovelock Anfang der 60er Jahre des 20. Jahrhunderts n. Chr., als sie die Gaia-Hypothese formulierten, nach der das Ökosystem Erde ein lebender Organismus ist, der die Fähigkeit besitzt, sich immer wieder ins Gleichgewicht zu bringen, was auch geschieht.

Das ist sicher erfreulich zu hören für alle diejenigen, die Gott schon immer am ehesten in der Natur gesucht haben. Aber damit ist Gott nicht annähernd umfassend beschrieben. Es ist nicht mehr als ein Aspekt Gottes, eine Facette von unzählbar vielen.

Aber der zweite Schöpfungsbericht bietet noch mehr. Noch mehr erstaunliche ökologische Einsichten. Da ist z.B. die Szene, in der Gott dem Menschen alle Tiere nacheinander vorstellt und vom Menschen erwartet, dass dieser ihnen einen Namen gibt. Was auf den ersten Blick wie ein Unterstellungsverhältnis anmutet (der, der einen anderen benennen darf, ist der, der das Sagen hat), eröffnet auf den zweiten Blick die Dimension der Liebe und Fürsorge. Wer als Kind ein Haustier gehabt hat, weiß, wie wichtig es ist, diesem einen Namen gegeben zu haben. Damit tat sich ein Verantwortungshorizont auf, der das Verhältnis zwischen Mensch und Tier fortan bestimmte. Das Tier ist dann nicht mehr nur ein Wesen, dem ich emotionslos gegenüberstehen konnte, die Namensnennung begründet eine Beziehung, in der ich Aufgaben und Verantwortung übernehme. (Freilich kann der Mensch sich seiner Verantwortung auch entziehen oder diese vernachlässigen, wie wir wissen. Er ist eben nicht Gott.) Gott gibt damit dem Zusammenleben zwischen Menschen und Tieren genau jenen Verantwortungshorizont, der auch schon im ersten Schöpfungsbericht anklingt: Macht euch die Erde untertan; ich vertraue sie eurer Fürsorge an. Bereits hier klingt etwas vom Bundesbegriff an, der später, auf dem Sinai, wenn Gott seinen Bund mit dem Volk Israel aufrichten wird, noch eine Rolle spielen wird: Ein Bund, wie sie die Bibel beschreibt (etwa zwischen Gott und Mensch oder zwischen Eltern und Kind oder eben zwischen Mensch und Tier), ist immer ein Bund zwischen einem stärkeren und einem schwächeren Part. Er funktioniert, wenn der stärkere Part aus freien Stücken auf die Ausübung seiner Stärke dem Schwächeren gegenüber verzichtet und statt dessen für ihn sorgt, für ihn Verantwortung übernimmt. Ist das nicht die einzige Möglichkeit, gelingendes Zusammenleben zu beschreiben? Schade, dass wir es so selten hinbekommen.

Und noch ein Highlight aus dem zweiten Schöpfungsbericht möchte ich beschreiben: „Gott nahm den Menschen und setzte ihn in den Garten Eden, dass er ihn bebaute und bewahrte." Darum geht es Gott, so sagen uns unsere Vorfahren: um diese Balance zwischen Bebauen und Bewahren. Es wird uns nicht nur erlaubt, diese Erde zu bebauen, also schöpferisch zu verändern, sondern es ist geradezu unser Auftrag! Menschen, die an diesen Gott glauben, sind also keine weltfremden Spinner, die sich aus allen weltlichen Belangen fein säuberlich heraushalten. Sie lehnen die Welt nicht ab, sondern freuen sich an dem ihnen von Gott zur Verfügung gestellten Lebensraum und gehen intelligent und kreativ damit um. Und die Messlatte, die anzeigt, wann ein Umgang mit diesem Lebensraum wirklich das Prädikat „intelligent und kreativ" verdient, die liefert Gott gleich mit: Bebauen und Bewahren müssen im Gleichgewicht sein. Wenn die Menschen dies beachten, dann ist ihrer Kreativität keine Grenze gesetzt. Ich darf also in dem Maße gestalten, in dem mein Gestalten verträglich ist mit dem Fortbestand dieser Welt. Unsere Zeit hat dafür ein wiederentdecktes Wort, zwar schon seit Anfang des 18. Jh. nachgewiesen, aber zwischenzeitlich in Vergessenheit geraten und heute brandaktuell: Nachhaltigkeit. Dies bedeutet, dem Öko-System maximal so viel zu entnehmen, wie nachwachsen kann. Oder formulieren wir es mit dem ökologischen Imperativ: „Handle so, dass die Wirkungen deiner Handlungen verträglich sind mit der Permanenz echten menschlichen Lebens auf Erden.“ Hans Jonas formulierte das schon 1979 so in seinem starken Werk: „Das Prinzip Verantwortung“.

Zum Schluss möchte ich noch einmal Dietrich Bonhoeffer zu Wort kommen lassen: Gott hat uns in der Hand gehabt und uns geformt, doch dann hat er uns aus seiner Hand freigegeben, um selbst Verantwortung für seine Erde zu übernehmen. Erst, wenn wir wieder zu Erde werden und Gott seinen Atem wieder zu sich nimmt, sind wir wieder in Gottes Händen.

Gottes Bund und unsere Verträge

Der Bundesschluss am Sinai. 2014.

2. Mose 34, 4-10

(4) Und Mose hieb zwei steinerne Tafeln zu, wie die ersten waren, und stand am Morgen früh auf und stieg auf den Berg Sinai, wie ihm der HERR geboten hatte, und nahm die zwei steinernen Tafeln in seine Hand. **(5)** Da kam der HERR hernieder in einer Wolke, und Mose trat daselbst zu ihm und rief den Namen des HERRN an. **(6)** Und der HERR ging vor seinem Angesicht vorüber, und er rief aus: HERR, HERR, Gott, barmherzig und gnädig und geduldig und von großer Gnade und Treue, **(7)** der da Tausenden Gnade bewahrt und vergibt Missetat,

Übertretung und Sünde, aber ungestraft lässt er niemand, sondern sucht die Missetat der Väter heim an Kindern und Kindeskindern bis ins dritte und vierte Glied! **(8)** Und Mose neigte sich eilends zur Erde und betete an **(9)** und sprach: Hab ich, HERR, Gnade vor deinen Augen gefunden, so gehe der Herr in unserer Mitte, denn es ist ein halsstarriges Volk; und vergib uns unsere Missetat und Sünde und lass uns dein Erbbesitz sein. **(10)** Und der HERR sprach: Siehe, ich will einen Bund schließen: Vor deinem ganzen Volk will ich Wunder tun, wie sie nicht geschehen sind in allen Landen und unter allen Völkern, und das ganze Volk, in dessen Mitte du bist, soll des HERRN Werk sehen; denn wunderbar wird sein, was ich an dir tun werde.

Liebe Gemeinde,

es ist das zweite Mal, dass Mose auf den Berg steigt. Schon einmal hat er die Gesetzestafeln von Gott beschrieben bekommen, schon einmal hat er sie dem Volk gebracht. Das erste Mal endete das Ganze in einer Katastrophe. Als Mose sich dem Lager der Israeliten näherte, hörte er schon von weitem, dass sie in Feierlaune sind und als er näher kam, musste er sehen, wie das Volk um das goldene Kalb herumtanzte, es sich gut gehen ließ und Mose und Gott offenbar vergessen hatte. In seiner Wut über das Verhalten des Volkes und in seiner Angst vor der Strafe Gottes zerschmettert er die Gesetzestafeln und erwartet das Schlimmste. Gott würde das Volk strafen - so viel stand fest. Er hat sich zu dem Volk bekannt, er hat sie mit starker Hand aus der Sklaverei in Ägypten geführt, er ist vor ihnen hergezogen und er hat ihnen ein Land verheißen, in dem Milch und Honig fließen - und nun dies! Gott musste einfach enttäuscht sein. Nicht einmal Moses Rückkehr haben Sie abwarten können.

Was tut Mose in dieser Situation? Er kennt Gott als einen, der barmherzig und gnädig und geduldig ist, von großer Gnade und Treue. Aber er weiß auch, dass Gott Übertretung und Sünde nicht ungestraft lässt. Bis in die dritte und vierte Generation hinein leiden Menschen an dem, was ihre Vorfahren falsch gemacht haben. Das ist eine Erfahrung, die nicht nur die Israeliten unter Mose gemacht haben, sondern die auch wir heute machen können. Es dauert eben 90-120 Jahre, bis die Gräueltaten des Dritten Reichs einmal so weit weg sein werden, wie der 30-jährige Krieg im 17. Jahrhundert. Noch sind wir da mittendrin und spüren die Heimsuchung. Und die Verirrungen des Kommunismus sind gerade einmal eine Generation weit entfernt. Auch hiervon werden wohl unsere Kinder noch heimgesucht werden, man schaue nur einmal auf die Zahlen der christlichen Gemeinde und auf deren Prognose für die nächsten 30 Jahre.

Mose weiß um diese Zusammenhänge, aber er weiß auch, dass dies nicht das einzige ist, was man über Gott aussagen kann. Gott ist nicht nur ein strafender, sondern auch ein liebender und vergebender Gott. Wem er seine Gnade schenkt, dem schenkt er sie bis in die 1000. Generation hinein. Und dies wiederum ist nun für uns ein nicht zu überblickender Zeitraum. Diese Gegenüberstellung sagt allerdings viel über das Wesen Gottes aus. Sein Zorn währt drei Generationen, seine Gnade 1000. Und dazwischen gibt es viel Spielraum, viele Interaktionsmöglichkeiten zwischen Gott und dem Menschen. Dazwischen gibt es die Möglichkeit für den Menschen, Gott um etwas zu bitten, dazwischen gibt es die Möglichkeit, Fürbitte zu tun. Gott lässt mit sich ringen, das weiß Mose noch von Abraham, Gott erhört Gebete, und Gott freut sich nicht am Unglück des Menschen. Er will im Gegenteil das Beste für ihn, denn er ist sein Geschöpf, das er liebt.

Also tut Mose das, was dem Menschen zu tun bleibt in dieser Situation: er hält Fürbitte für das Volk. Denn es ist ein halsstarriges Volk, wie er sagt. Auch an dieser Stelle können wir von Mose lernen. Wenn wir uns, wie ich es vorhin beschrieben habe, gerade in Phasen befinden, in denen wir ausbaden müssen was unsere Vorfahren uns eingebrockt haben, dann ist das mit der Fürbitte für unser Volk, das wir wohl auf vielen verschiedenen Ebenen ebenfalls halsstarrig nennen können, wohl keine so schlechte Idee. Wir erinnern uns: es sind nicht zuletzt die Gebete gewesen, die möglich gemacht haben, was vor 25 Jahren hier bei uns im Land geschehen ist, und die möglich gemacht haben, dass dies alles ohne Blutvergießen geschehen ist. Wir wissen aus unserer eigenen jüngsten Geschichte, dass Gott uns hört, auch und gerade dann, wenn wir für unser Volk bitten.

Auch Moses Fürbitte hatte Erfolg. Gott setzt die Situation noch einmal zurück auf den Anfang, in der heutigen Rechtssprache würde man sagen: es handelte sich um eine Wiedereinsetzung in den vorigen Stand. Gott tut das - wie soll ich sagen - mit etwas resignierender Liebe. Ja, sagt er, es stimmt, das Volk ist halsstarrig, immer wieder verrennt es sich, so ist es nun einmal, das ist der Preis, den ich zahlen muss, weil ich den Menschen Freiheit gegeben habe. Weil ich nach der Sintflut geschworen habe, die Menschheit nicht wieder vernichten zu wollen, bleibt mir nichts anderes übrig, als mit viel Liebe immer wieder zu versuchen, dass sie sich nicht zu sehr verrennen. Man hört Gott in dieser Situation geradezu viel Luft holen und sagen: na gut, versuchen wir es noch einmal.

Und er beschreibt die steinernen Tafeln, die Mose mitgebracht hatte, erneut. Aber er geht über die ursprüngliche Situation hinaus. Er gibt Mose allerlei Anweisungen mit auf den Weg, und er spricht die Worte, die bis heute das Verhältnis zwischen Gott und seinen Geschöpfen bestimmen, zwischen Gott und dem Volk Israel genauso wie zwischen Gott und uns: „Siehe, ich will einen Bund schließen.“

Wenn Menschen heute einen Bund schließen, dann sagen Sie es mit anderen Worten. Noch bis ins Mittelalter hinein war dieser Sprachgebrauch gängig, heute schließen wir wohl eher Verträge, meinen damit aber genau dasselbe. Wenn wir Verträge schließen, dann achten wir darauf, dass die beiden vertragsschließenden Seiten gleichberechtigt sind. Es wird so lange um Formulierungen gekämpft, bis diese Gleichberechtigung erreicht ist, und ja keiner zu kurz kommt oder über den Tisch gezogen wird. Selbst wo wir heute noch davon reden einen Bund zu schließen, bei der Ehe nämlich, ist uns inzwischen die Augenhöhe zwischen den Partnern wichtig. Wir finden das in Ordnung so, es ist eine Errungenschaft der Moderne, hinter die wir nicht mehr zurück wollen. Ein Bund, ein Vertrag ist heute immer und ausschließlich eine Sache zwischen zwei gleichberechtigten gleichstarken Partnern.

Ganz still und leise hat sich der Bundesbegriff gewandelt. Wenn die Bibel von einem Bund spricht, nicht nur von dem, den Gott mit den Menschen schließt, sondern durchaus auch von Bündnissen die zwischen Menschen geschlossen werden, dann handelt es sich immer um einen Bund zwischen einem stärkeren und einem schwächeren Partner. Der stärkere Partner verzichtet von sich aus, aus freien Stücken auf seine Macht und seine Stärke und übernimmt Verantwortung für den schwächeren Partner. Der schwächere Partner übernimmt seinerseits die Verpflichtung, die Gebote des stärkeren Partners zu achten und zu halten, tut dies aber nicht aus blindem Gehorsam heraus, sondern aus dem Vertrauen heraus, dass der stärkere Partner mit diesen Geboten Gutes für ihn will.

Diese Art Bund ist heute bei uns in Vergessenheit geraten. Es gibt sie aber noch und zwar in großer Selbstverständlichkeit, zum Beispiel bei dem Bund, den wir Eltern, ohne uns das klarzumachen, mit unseren Kindern schließen. Auch hier ist deutlich: Eltern verzichten als die Stärkeren auf die Ausübung von Macht und übernehmen aus freien Stücken Verantwortung, und die Kinder danken dies mit dem Vertrauen dass sie ihren Eltern entgegenbringen.

So funktioniert ein Bund seit Ewigkeiten, und man hat den Eindruck, dass die Veränderung des Bundesbegriffes in unserer Zeit diesem nicht gut getan hat. Es ist nur scheinbar eine Errungenschaft, immer gleichberechtigt sein zu wollen. In der Praxis erleben wir, dass die in unserer Zeit geschlossenen Bünde sehr viel kurzlebiger geworden sind, weil sie eben nicht mehr auf Verantwortung und Vertrauen beruhen, sondern auf dem möglichst gleichen Niveau der hochgerüsteten Bewaffnung. Da kommt es sehr schnell zum Bundesbruch, weil der eine Partner eben doch ein Quäntchen mehr hat, und der andere das nicht aushalten kann, oder weil einfach die moralische Notwendigkeit fehlt, den Bund aufrechtzuerhalten.

Auch wenn wir den Bund der Ehe in dieser Weise betrachten, möge man mich nicht falsch verstehen, ich will durchaus nicht zurück ins Mittelalter, aber die Frage muss erlaubt sein, ob die große Zahl der Ehescheidungen nicht doch auch auf diesen veränderten Bundesbegriff zurückzuführen sind. Würde es nicht auch diesem Bund gut tun, sich wieder mehr auf Verantwortung und Vertrauen zu gründen und nicht ausschließlich auf Augenhöhe? Die Begriffe „Stärkerer“ und „Schwächerer“ sind hierbei keinesfalls auf das Geschlecht festgelegt und können durchaus auch innerhalb des Bundes wechseln: einmal übernimmt der Eine Verantwortung und der Andere vertraut, ein anderes Mal ist es umgekehrt.

Zurück zum Bund, den Gott mit dem Volk Israel schließt. Ein Bund, den Gott mit Menschen schließt, kann niemals ein Bund auf Augenhöhe sein. Das ist schlechterdings nicht denkbar. Es kann und muss immer nur ein Bund sein, in dem Gott als der Stärkere Verantwortung für den Schwächeren übernimmt. Wie gut, dass wir einen Gott haben, der genau das tut. Der sich seiner Macht entäußert, der klein und schwach wird wie wir, und auf diese Weise seine Liebe zu uns zeigt und seine Verantwortung für uns übernimmt. Wenn wir uns dieses unseres Bundespartners gewiss sind, dann werden wir das tun, was er von uns verlangt. Nicht aus blindem Gehorsam heraus, sondern aus dem Bewusstsein heraus, geliebt zu sein und gut aufgehoben zu sein in der Hand eines Stärkeren. Ein solcher Bund hält uns als den Schwächeren den Rücken frei, nicht nur einfach zu leben und zu arbeiten, sondern zu gestalten und dabei Höchstleistungen zu vollbringen. Nur ein solcher Bund kann letztlich die Grundlage sein für das, was Gott am Ende unseres Predigtabschnitts beschreibt: Vor deinem ganzen Volk will ich Wunder tun, wie sie nicht geschehen sind in allen Landen und unter allen Völkern, und das ganze Volk, in dessen Mitte du bist, soll des Herrn Werk sehen; denn wunderbar wird sein, was ich an dir tun werde. Amen.

Es wird nicht einfach werden

Neujahr. 2006.

Josua 1

(5) Ich lasse dich nicht fallen und verlasse dich nicht.

Das neue Jahr 2006 hat begonnen. Wir sind zwar noch ganz am Anfang, aber wir leben schon mitten in ihm. Was wird es bringen? Wie wird es werden? Wir wissen es nicht, aber wir haben schon einmal Pläne gemacht. Viele haben schon den Urlaub festgelegt, Familienfeiern und runde Geburtstage sind im Kalender eingetragen. Auch unsere Schule hat schon vielfältige Termine, Projektwochen und

Klausuren festgelegt. Für viele steht das Jahr schon in groben Zügen. Der Rahmen ist gegeben. Man muss heute langfristig planen.

Und doch gibt es viele Fragezeichen für die vor uns liegenden 365 Tage. Keiner weiß, ob alles so werden wird, wie man sich das im Moment vorstellt. Keiner weiß, ob wir dieses Jahr überhaupt ganz erleben werden. Keiner weiß, wie viele schwere Anlässe auf einen zukommen werden. Keiner weiß, welche Probleme dieses vor uns liegende Jahr prägen werden. Trotz des großen Rahmens, den wir gesetzt haben, ist sehr vieles offen und ungewiss. Das neue Jahr 2006 steht vor uns wie ein großes unbekanntes Land, das wir entdecken und einnehmen müssen.

Das Volk Israel stand einmal vor einer ähnlichen Situation. 40 Jahre in der Wüste liegen hinter ihnen. Und nun stehen sie vor dem Land, das Gott ihnen versprochen hatte. Zweifel und Hoffnung, Angst und Vorfreude treiben sie um.

So geht es sicher den meisten von uns auch, wenn wir an 2006 denken. Da ist die Vorfreude auf vieles Schöne, was dieses Jahr bringen könnte, denn viele schöne Termine haben wir schon eingetragen in unseren Kalender und manches schon angedacht und geplant. Aber da ist auch die Angst und Befürchtung, dass alles anders werden könnte. Wer weiß schon, was alles dazwischen kommt? Werden unsere Beziehungen halten? Werden wir vor Krankheit und Leid verschont bleiben? Wird mir mein Arbeitsplatz erhalten bleiben? Schaffen meine Kinder das Schuljahr oder die Ausbildung?

Und wie werden sich neben meinen privaten Dingen die Rahmenbedingungen in unserer Wirtschaft und Gesellschaft entwickeln? Da ist in den letzten Jahren viel in Bewegung gekommen. Die sozialen Sicherungssysteme funktionieren nicht mehr so, weil kein Geld mehr da ist und Wertmaßstäbe gehen in unserer Gesellschaft immer mehr verloren. Und wie wird sich die Welt weiter verändern? Neue Kriege und Naturkatastrophen, Klimawechsel und Bevölkerungswachstum? Was wird da auf uns zukommen? Zweifel, Hoffnung, Angst und Vorfreude. Das sind auch unsere Gefühle, wenn wir an 2006 denken und das verbindet uns mit der Situation des Volkes Israel damals vor rund 3000 Jahren.

Gott wusste, wie es dem Volk ging, wie ihm zumute war. Im Buch Josua, Kapitel 1 können wir lesen, was Gott seinem Volk in dieser Situation sagt: **Ich lasse dich nicht fallen und verlasse dich nicht.** (Es macht Sinn, die ganze Gottesrede zu lesen: Josua 1, 1-9)

Gott ist sehr fürsorglich. Er sagt nicht: Jetzt stellt euch mal nicht so an und lamentiert nicht herum. Sondern er gibt seinem Volk (uns) drei Sätze mit auf den Weg:

1. Es wird nicht einfach werden.

Gott ist sehr realistisch. Das neue Land wird kein Spaziergang werden. Das gilt auch für 2006. Einfach wird es sicher nicht. Dafür ist das Leben viel zu kompliziert. Es wird Probleme geben, Schwierigkeiten werden auftreten. Wir werden vielleicht bis an die Grenzen gefordert werden. Das gehört dazu, auch zum Jahr 2006.

2. Haltet euch an das, was ich euch gesagt habe.

Was heißt das für uns? Gott möchte, dass wir für 2006 auch die bisherigen Erfahrungen mit ihm im Gepäck haben. Es ist gut, wenn wir uns erinnern, wie Gott uns bisher geführt und geleitet hat. Die Erinnerung kann uns helfen, ihm neu zu vertrauen.

3. Seid mutig und getrost:

Das können wir auch für uns in Anspruch nehmen. Gott macht uns Mut für dieses neue Jahr, das wie ein unbekanntes Land vor uns liegt. Ich bin bei euch. Das habe ich euch versprochen und ich sage es euch neu zu. Und jetzt: Auf geht es! Mutig voran! Geht in das neue Jahr, das ich euch schenke. Ich gehe mit euch. Ihr seid nicht allein. Geht mit dem Glauben an einen großen Gott, der euch liebt und begleitet.

Er schaut liebevoll auf seine Schöpfung

Himmelfahrt. 2006.

Psalm 8

(1) Ein Psalm Davids, vorzusingen, auf der Gittit. **(2)** HERR, unser Herrscher, wie herrlich ist dein Name in allen Landen, der du zeigst deine Hoheit am Himmel! **(3)** Aus dem Munde der jungen Kinder und Säuglinge hast du eine Macht zugerichtet um deiner Feinde willen, dass du vertilgest den Feind und den Rachgierigen. **(4)** Wenn ich sehe die Himmel, deiner Finger Werk, den Mond und die Sterne, die du bereitet hast: **(5)** was ist der Mensch, dass du seiner gedenkst, und des Menschen Kind, dass du dich seiner annimmst? **(6)** Du hast ihn wenig niedriger gemacht als Gott, mit Ehre und Herrlichkeit hast du ihn gekrönt. **(7)** Du hast ihn zum Herrn gemacht über deiner Hände Werk, alles hast du unter seine Füße getan: **(8)** Schafe und Rinder allzumal, dazu auch die wilden Tiere, **(9)** die Vögel unter dem Himmel und die Fische im Meer und alles, was die Meere durchzieht. **(10)** HERR, unser Herrscher, wie herrlich ist dein Name in allen Landen!

Liebe Gemeinde,

wir sind für unseren Himmelfahrtsgottesdienst wieder ins Freie gegangen, wie so oft in den vergangenen Jahren, solange es das Wetter zuließ. Hier unter blauem Himmel lassen wir uns in ganz anderer Weise anrühren von Gottes Wirklichkeit, bringen Saiten des Glaubens in uns zum Schwingen, die in der Geborgenheit eines Kirchengebäudes eher stumm bleiben. Wir begreifen in der freien Natur fast im Selbstlauf etwas von Gottes Größe als Schöpfer, werden andächtig, z.B. bei der Betrachtung einer Pflanze, ohne dass wir uns dazu motivieren müssten. Es ist der Raum, die Weite, in der wir uns befinden, die dies möglich macht. Gerüche kommen dazu, das Spüren eines leichten Windes auf der Haut, das Zusammenspiel der Farben, die wir sehen – mit allen Sinnen spüren wir die Großartigkeit der Schöpfung.

Im Glaubensbekenntnis, das wir auch heute wieder sprechen werden, werden im ersten Artikel über Gott nur 3 Aussagen gemacht: er ist unser Vater, er ist allmächtig und er ist der Schöpfer des Himmels und der Erde. Mehr muss man offenbar von Gott gar nicht verstehen, als dies: Er hat diese Welt ins Leben gerufen. Was dabei herauskam, fand er selbst gut, wie wir am Anfang der Bibel lesen können. Er selbst schaut liebevoll auf seine Schöpfung.

Wenn von der Allmacht Gottes die Rede ist, denke ich nicht in erster Linie an das Unheil, das durch menschliche Allmachtsphantasien ausgelöst wird. Nein, ich sehe den Begriff Allmacht durchaus positiv, etwa in dem Sinne: Gott kann mehr, als wir Menschen. Er vermag mehr, auch an Stellen, wo wir dies etwa nicht für möglich hielten, weil uns unser beschränktes physikalisches Verständnis nicht über unsere Grenzen schauen lässt. Und Allmacht heißt für mich: Gottes schöpferisches Handeln ist mit der ersten Schöpfung am Anfang der Zeiten nicht zu Ende. Er ist gestalterisch auch weiter und auch in unserer Zeit tätig. Schöpfung ist ein Continuum. Und er wird die neue Schöpfung heraufführen, am Ende der Zeiten.

Bei all dem könnte der Mensch kleinmütig werden: was sind wir, gegen diese Macht? Ein kleines Rädchen im Getriebe, Schachfiguren in Gottes Hand vielleicht, wie es Beethoven einmal resignierend ausgedrückt hat?

Das ist auch die Frage, die sich der Psalm 8 stellt: Wie klein ist da der Mensch, wie gering und unbedeutend! Und er staunt: Und doch gibst du dich mit ihm ab und kümmerst dich um ihn! Und da sind wir bei der 3. Aussage, die das Glaubensbekenntnis über Gott macht: er ist unser Vater! Gott kümmert sich um den kleinen Menschen, gibt sich mit ihm ab, wie sich ein Vater um seine Kinder kümmert! Natürlich hat auch das Vaterbild seine Grenzen, wir wissen, dass menschliche Vater-Kind-Beziehungen nicht immer von Liebe geprägt sind – aber wir wissen auch, wie die idealtypische Vater-Kind-Beziehung aussehen sollte und können von daher für die Gott-Mensch-Beziehung in Anspruch nehmen, dass sie von Liebe geprägt ist.

Liebe, die nicht in dem Gefühl der Kleinheit vor dem großen Gegenüber verharrt, sondern die vertraut, wie ein Kind seinem Vater vertrauen kann und an seiner Hand Wege geht, die es allein nicht gegangen wäre.

Genau dieses Vertrauen ist es, das den Bezug zum heutigen Fest Christi Himmelfahrt darstellt. Denn Jesus hat uns dieses Vertrauen in den Vater gelehrt, ja, er hat uns sogar überhaupt erst nahe gebracht, dass wir Vater sagen dürfen! Seitdem sagen wir Vater in seinem Namen, denn er geht vom Vater aus, wie das Johannes-Evangelium es uns beschreibt – und er geht wieder zum Vater. Das ist das, was wir heute feiern. Erneut möchte ich das Glaubensbekenntnis bemühen:

er ist aufgefahren in den Himmel und sitzt dort zur Rechten Gottes, des allmächtigen Vaters. Wieder taucht der Begriff Allmacht auf, an der Jesus jetzt Anteil hat, wie auch an der schöpferischen und gestalterischen Kraft Gottes. Himmelfahrt ist die Begegnung zwischen der göttlichen und der menschlichen Komponente in der Gestalt Jesu Christi. Wahrer Mensch und wahrer Gott – was unser Verstand nur schwer zusammenbringt, das berührt sich an diesem Fest.

Und deshalb ist es legitim, gerade an diesem Fest die Schöpfung zu feiern. Zu loben und zu danken, wie es uns der Psalm 8 aufgibt. Und die Gott-Mensch-Beziehung in der Schöpfung zu verstehen.

Die Gott-Mensch-Beziehung lebt aus der Spannung zwischen dem Größenunterschied zwischen Schöpfer und Geschöpf, der einem beim Betrachten von Sonne, Mond und Sternen sofort deutlich wird, und der Gottebenbildlichkeit des Menschen, wie sie die Schöpfungsgeschichte beschreibt. Der Psalm 8 nimmt diese Spannung auf, indem er einerseits sagt: Wie klein ist der Mensch, wie gering und unbedeutend – und andererseits: Es fehlt nicht viel und er wäre wie du!

Die Klammer, die diese Spannung aushält, steht in Vers 5: Und doch gibst du dich mit dem Menschen ab und kümmerst dich um ihn. Oder anders gesagt: Die Klammer ist das Vater-Sein Gottes, das uns Jesus vorgestellt hat. Wir alle leben in dieser Spannung. Wir alle sind nach Gottes Ebenbild geschaffen und doch sind wir uns alle unserer Kleinheit bewusst beim Betrachten der Weite und Größe der Schöpfung. Zwei Gründe gibt es, warum wir diese Spannung aushalten können: der eine: Der Vater kümmert sich um uns. Auch ein Kind ist, obwohl es unbedeutend und klein ist, Abbild seiner Eltern. Es ist nicht nur unbedeutend und klein, und es ist nicht 100 %ig Vater oder Mutter. Das Eltern-Kind-Bild beschreibt diese

Spannung ganz gut. Aber sie ist aushaltbar, weil sich die Eltern um das Kind kümmern, es lieben, sodass es ein Vertrauen entwickeln kann. Nicht anders ist das bei der Gott-Mensch-Beziehung.

Und der 2. Grund, weswegen wir diese Spannung aushalten können: Sie ist auflösbar. Die beiden Pole können zusammenkommen – oder besser: der Abstand zwischen ihnen kann überwunden werden. Oder sollte ich besser „durchfahren" sagen? Das ist Himmelfahrt: Jesus durchfährt die Strecke zwischen der Kleinheit des Menschen und der Größe Gottes. Und zeigt uns damit: es ist möglich! Der Weg ist bereitet, die Straße geebnet. Wir werden ihm folgen auf dieser Straße.

Vielleicht kommt es nur darauf an, diese Straße zu finden! Und auch dafür gibt der achte Psalm Hinweise. Der erste: Bleibt im Lobpreis des Schöpfers! Selbst der Schwache und Hilflose preist ihn allein durch sein Dasein, der Lobpreis erhebt sich aus dem unverständlichen Brabbeln des Säuglings ebenso wie aus einer achtstimmigen Kantate. Stimmt euren Lobpreis an – dort, wo ihr seid, mit den Mitteln, die euch zur Verfügung stehen! Nur: stimmt ihn an! Lasst nicht nach, bleibt im Lobpreis des Schöpfers.

Der zweite Hinweis des Psalmbeters: Erhaltet euch das Staunen! Tut nicht so erwachsen, so als könntet ihr alles verstehen! Gott möchte, dass wir über das Staunen zum Loben kommen. Wer nicht staunen kann, findet auch keinen Grund zum Loben und zur Dankbarkeit. Probiert es aus, gleich heute Nachmittag, wenn ihr auf Wanderung geht – Wie kunstvoll ist eine Blüte geformt, wie kraftvoll farbig leuchtet das Maigrün...

Und der dritte Hinweis, diese Straße zu finden: Gott hat euch alles unterstellt, euch die Verantwortung über alle anderen Geschöpfe übertragen – erweist euch dieser Verantwortung würdig! Mit eurer Gottebenbildlichkeit seid ihr selbst Schöpfer, concreator. Ihr dürft gestalterisch wirken, phantasievoll sein. Aber vergesst die Liebe nicht, die Schöpfer und Geschöpf verbindet.

Mit diesen Hinweisen ausgerüstet bin ich ganz guter Hoffnung, dass wir die Straße finden werden, die Jesus vor uns „gefahren" ist. Lasst uns nun gemeinsam einstimmen in den Lobpreis: „Herr unser Herrscher, wie herrlich bist Du!" Amen.

Wenn der Herr nicht das Haus baut

Ein Psalm und eine Stadtgeschichte. 2012.

Psalm 127

(1) Ein Wallfahrtslied Salomos. Wenn nicht der Herr das Haus baut, müht sich jeder umsonst, der daran baut. Wenn nicht der Herr die Stadt bewacht, wacht der Wächter umsonst.

1212. Die ersten Menschen siedeln hier. Sie bauen ihre Häuser hier im Raumbachtal. Ihre Kirche über dem Tal, auf einem Felsen – sie wirkt wie ein Wachtturm. In ihrem Schatten, in ihrem Schutz kann uns nichts passieren, denken sie. Und doch leiden sie fast jährlich an schweren Überschwemmungen. Sie haben zu dicht am Ufer gebaut. Und sie blicken nach Norden, auf ihre Kirche und wissen auf einmal, was zu tun ist. Sie bauen ihre Stadt neu auf, 200 m nördlich den Berg hinauf. Ihre Kirche hat ihnen ihren Weg gewiesen.

(2) Es ist umsonst, dass ihr früh aufsteht, und euch spät erst niedersetzt, um das Brot der Mühsal zu essen; denn der Herr gibt es den Seinen im Schlaf.

1720. Einer der zahlreichen Stadtbrände, vielleicht der verheerendste, sucht Reichenbach heim. Nicht nur die Kirche, auch viele Wohnhäuser fallen ihm zum Opfer, viele Existenzen werden vernichtet. Und viele Menschen fragen: Warum das alles? Warum mühen wir uns ab? Ist nicht alles umsonst? Auch die Gemeinde fragt sich das. Verzweifelt und kleinmütig. Sollen wir unsere Kirche neu aufbauen? Die Kraft fehlt, sie schläft, die Gemeinde. Da kommt Hilfe von außen. Menschen, die dem Rat der Stadt angehören, die den Wiederaufbau unbedingt wollen. Der Herr hat's gegeben, indem er diese Aufgabe den Menschen auf's Herz gelegt hat.

(3) Kinder sind eine Gabe des Herrn, die Frucht des Leibes ist sein Geschenk.

2012. Kinder gibt es nur noch wenige. Zu wenige. Viel zu wenige. Die Einwohnerzahl sinkt im Vergleich zum Anfang des 20. Jahrhunderts fast auf die Hälfte. Hat Gott seine Hand von uns weggezogen? Ist das die Strafe für die schweren Sünden des 20.Jahrhunderts? Den Nationalsozialismus, den Atheismus? Vorgestern abend sah ich einen Mann beim Feuerwerk mit einem T-Shirt mit folgender Aufschrift: „Ich war Atheist, bevor ich begriff, dass ich Gott bin!" Ist es das? Überheben wir uns? Bei allen Programmen, die man auflegen kann, um die Jugend hier zu halten: wir müssen die Demut wieder neu lernen.

(4) Wie Pfeile in der Hand des Kriegers, so sind Söhne aus den Jahren der Jugend.

(5) Wohl dem Mann, der mit ihnen den Köcher gefüllt hat! Beim Rechtsstreit mit ihren Feinden scheitern sie nicht.

2084. Unsere Stadt, unser Land hat den demografischen Wandel überstanden. Es geht wieder aufwärts, die Köcher sind gut gefüllt! Junge Leute dominieren das Stadtbild. Es sind Menschen, an denen man Freude haben kann – nicht solche, vor denen man Angst hätte wie noch vor 70 Jahren. Doch nicht nur die Alterspyramide hat sich vom Kopf auf die Füße gestellt. Auch die Beziehung zwischen Schöpfer und Geschöpfen. Die Menschen haben aus ihrer Vergangenheit gelernt. Sie wissen wieder, wem sie ihr Leben und ihr Glück danken dürfen. Und das allein prägt das Gemeinwohl eines Gemeinwesens.

Der Herr ist nahe allen, die ihn anrufen

Auslegung zu Losung und Lehrtext. 2008.

Psalm 145, 18 und Markus 10, 47.48

(18) Der Herr ist nahe allen, die ihn anrufen, allen, die ihn ernstlich anrufen.

(47) Bartimäus fing an zu schreien und zu sagen: Jesus, du Sohn Davids, erbarme dich meiner! **(49)** Und Jesus blieb stehen und sprach: Ruft ihn her! Und sie riefen den Blinden und sprachen zu ihm: Sei getrost, steh auf! Er ruft dich!

So tröstlich Vers der alttestamentlichen Losung im ersten Hören klingt, so negativ klingt er, wenn man ihn herumdreht: Der Herr ist ferne allen, die ihn nicht anrufen, allen, die dies nicht ernstlich tun! Das bereitet mir dann schon gewisse Sorgen, denn ich muss mich fragen: Ist meine Beziehung zu Gott wirklich von der vom Psalmbeter postulierten Ernsthaftigkeit geprägt? Ich empfinde, dass die Zeit für

Gott in meinem Tageslauf häufig verschüttet wird von den Alltagsaufgaben, vom Stress, auch von den Erwartungen, die Gemeinde und Familie an einen herantragen. Bin ich nicht mehr ernsthaft genug?

Von großen Männern und Frauen der Kirchengeschichte – auch von Päpsten z.B. – wird berichtet, dass sie sich morgens beispielsweise mindestens eine Stunde lang Zeit genommen haben für Meditation und Gebet, trotz des übervollen Termindrucks des vor ihnen liegenden Tages. Ich weiß um die Wirksamkeit einer solchen Zeit und predige darüber – bin aber selbst nicht in der Lage, dies für mich in Anspruch zu nehmen. Bin ich zu wenig ernsthaft in dieser Frage? Und wie geht es an dieser Stelle unseren Gemeindegliedern? Man könnte den Eindruck gewinnen, als wäre uns die Ernsthaftigkeit großflächig abhanden gekommen. Aber so ist es dann doch nicht. Bei Besuchen erlebe ich oft, dass Menschen, die ich nie im Gottesdienst gesehen habe, z.B. ganz intensiv mit dem Herrnhuter Losungsbüchlein leben. Sie berichten von ihrer täglichen stillen Zeit und von der Kraft, die sie daraus beziehen. Das ist beeindruckend zu erleben, bei Menschen, von denen man dies nie gedacht hätte! Auch Jugendliche fragen wieder häufiger nach Bibelleseplänen z.B. Es gibt dieses ernstliche Anrufen Gottes unter uns durchaus. Und ich möchte daraus für mich die Motivation ableiten, mit dem, was ich als richtig erkannt habe, endlich Ernst zu machen. Es muss nicht eine ganze Stunde morgens sein, es geht hierbei sicher auch nicht um eine bestimmte, zu erreichende Leistung. Ich denke, es geht um das Einbeziehen der Wirklichkeit Gottes in meine alltäglichen Lebensbezüge. Eine Hilfe dabei kann uns der Lehrtext aus Mk. 10 sein:

(47) Bartimäus fing an zu schreien und zu sagen: Jesus, du Sohn Davids, erbarme dich meiner! **(49)** Und Jesus blieb stehen und sprach: Ruft ihn her! Und sie riefen den Blinden und sprachen zu ihm: Sei getrost, steh auf! Er ruft dich!

Bei dem blinden Bartimäus ist es keine stille Zeit am Morgen, die ihn Gott näher bringt. Es ist ein gequälter Schrei, aber von der Gewissheit getragen, dass kein anderer ihn aus seiner schlimmen Situation erlösen kann. Diese Gewissheit kann ebenfalls die Ernsthaftigkeit ausmachen, mit der man Gott anruft.

Es gibt viele Formen der Ernsthaftigkeit, mit der man Gott anruft. Die stille Zeit am Morgen (die gar nicht immer am Morgen sein muss), der gequälte Schrei in ausweglos scheinender Situation – und eines möchte ich unbedingt noch anfügen: Auch mein Dank, meine Gott gegenüber zum Ausdruck gebrachte Freude über etwas mir Gelungenes oder mir Geschenktes ist ein ernstliches Anrufen.

Und jetzt hören wir den Psalmtext wieder als Verheißung: Der Herr ist nahe allen, die ihn anrufen, allen, die ihn ernstlich anrufen.

Über meinem Schreibtisch hängt ein Gebet, dass ich jetzt lesen möchte, das wie ich meine gut zum Ausdruck bringt, in welcher Weise man Gott in seine Alltäglichkeiten mit hineinnehmen kann. Es geht dabei aber nicht nur um das Mitnehmen Gottes wie man ein Schmuckstück mitnimmt, sondern um die Anerkenntnis der Herrschaft Gottes über meinen Alltag. Darin besteht letztlich die Ernsthaftigkeit und dieser Haltung ist verheißen, dass Gott uns nahe ist.

Wir wollen beten.

Vater im Himmel, durchleuchte meine Pläne, und wenn es nötig ist, dann durchkreuze sie. Pass bitte darauf auf, dass ich nichts aus falschen Motiven tue. Überprüfe bitte alles, was auf dem Terminkalender dieses Tages steht. Und hilf mir, das zu tun, was dir gefällt. Dir befehle ich mich, mein Reden, Denken und alles Tun an. Bitte pass gut auf mich auf. Amen.

Unheilspropheten – damals und heute

Jeremia und der Klimawandel. 2008.

Jeremia 15, 10 - 21

(10) Wehe mir, meine Mutter, daß du mich geboren hast, einen Mann des Streites und einen Mann des Zankes für das ganze Land! Ich habe weder verliehen, noch hat man mir geliehen; [dennoch] fluchen mir alle. **(11)** Der HERR spricht: Wenn ich dich nicht zum Guten stärken, wenn ich nicht machen werde, daß dich der Feind zur Zeit des Unglücks und zur Zeit der Bedrängnis anfleht! **(12)** Kann man Eisen zerbrechen - Eisen aus dem Norden - und Bronze zerbrechen? **(13)** Dein Vermögen und deine Schätze will ich zur Plünderung dahingeben ohne Kaufpreis, und zwar wegen all deiner Sünden, und [zwar] in deinem ganzen Gebiet. **(14)** Und ich werde deine Feinde in ein Land bringen lassen, das du nicht kennst. Denn ein Feuer ist entbrannt in meinem Zorn, über euch wird es brennen. **(15)** HERR, du weißt es ja. Denk an mich und nimm dich meiner an und räche mich an meinen Verfolgern! Raffe mich nicht weg nach deiner Langmut! Erkenne, daß ich um deinetwillen Schmach trage! **(16)** Fanden sich Worte von dir, dann habe ich sie gegessen, und deine Worte waren mir zur Wonne und zur Freude meines Herzens; denn dein Name ist über mir ausgerufen, HERR, Gott der Heerscharen. **(17)** Nie saß ich im Kreis der Scherzenden und war fröhlich. Wegen deiner Hand saß ich allein, weil du mich mit [deinem] Grimm erfüllt hast. **(18)** Warum ist mein Schmerz dauernd [da] und meine Wunde unheilbar? Sie will nicht heilen. Ja, du bist für mich wie ein trügerischer Bach, wie Wasser, die nicht zuverlässig sind. **(19)** Darum, so spricht der HERR: Wenn du umkehrst, will ich dich umkehren lassen, daß du vor mir stehst. Und wenn du Edles vorbringst und nicht Gemeines absonderst, sollst du wie mein Mund sein. Sie sollen zu dir umkehren, du aber sollst nicht zu ihnen umkehren. **(20)** Und ich werde dich für dieses Volk zu einer festen, ehernen Mauer machen, und sie werden gegen dich kämpfen, aber dich nicht überwältigen; denn ich bin mit dir, um dich zu retten und dich zu befreien, spricht der HERR. **(21)** Und ich werde dich aus der Hand der Bösen befreien und dich aus der Faust der Gewalttätigen erlösen.

Liebe Gemeinde,

mit dem heutigen Text wird uns ein verzweifelter Jeremia vorgestellt, der am Ende ist und der nichts mehr anderes kann, als seine Verzweiflung herauszuschreien und vor Gott zu bringen. Warum ist er so verzweifelt?

Er, der Prophet, hat einen Auftrag von Gott bekommen. Er soll dem Volk die Leviten lesen. Er soll dem Volk sagen: Wenn Ihr so weitermacht, werdet ihr untergehen. Das Gericht Gottes wird euch mit aller Macht treffen. Ihr lauft fremden Göttern nach und erinnert euch nicht mehr an das, was ich, der Herr, für euch getan habe! Ich bin zornig und ihr werdet das zu spüren bekommen! Jeremia soll also Unheilsprophet sein.

Von Anfang an hatte Jeremia Probleme mit seiner Berufung zum Propheten. Er hat sich dagegen gewehrt. Sende nicht mich, Herr, ich bin zu jung... Klar, wer von uns würde schon gern so einen Auftrag annehmen, der Unheil prophezeien soll. Unheilspropheten haben einen schlechten Stand in der Gesellschaft – keiner will sie hören, wenn es gut geht, werden sie nur ausgelacht, aber es kommt auch vor, dass man sie kurzerhand zumindest mundtot macht. Ein Beispiel aus der jüngsten Geschichte mag das verdeutlichen: Der Klimawandel ist heute in aller Munde. Staaten, Firmen und auch Privatpersonen überschlagen sich mit Vorschlägen, was man nicht alles tun könnte, um die drohende Katastrophe abzuwenden. Auch wenn viele dieser Vorschläge halbherzig sind und darauf bedacht, den eigenen Vorteil nicht aus den Augen zu verlieren – die Diskussion ist hoffähig geworden.

Das war vorher lange Jahre nicht so. Der drohende Klimakollaps ist bekannt, seit mindestens 30 Jahren – aber die Menschen wollten die Unheilspropheten nicht hören! Sie lachten sie aus, beschimpften sie als Öko-Fuzzis und Greenpeace hatte bei seinen Aktionen auch schon Tote zu beklagen. Wer will schon gern Unheilsprophet sein.

Und genau diesen Auftrag erhält Jeremia. Widerwillig übernimmt er ihn zunächst, aber natürlich auch mit der Gewissheit, dass man sich gegen Gottes Beauftragungen ja sowieso nicht wehren kann. Man kann sich ihnen schlicht nicht entziehen, diese Erfahrung haben viele machen müssen – Paradebeispiel dafür ist sicher der Prophet Jona.

Aber Jeremia macht eine Entwicklung durch. So sehr er sich auch anfangs sträubte, er wurde immer mehr gefangen genommen von dem, was er im Auftrag Gottes zu sagen hatte! Er begriff mehr und mehr, dass das Volk jemand braucht, dringend braucht, der ihm den Spiegel vorhält, sie wachrüttelt und ihnen sagt, dass es so nicht weitergehen kann! Jeremia verinnerlicht die Botschaft: Ja, es ist wichtig, dass wir umkehren! Jeremia ist ja selbst Teil des Volkes und erkennt den falschen Weg. Er liebt sein Volk und möchte seine Wohlfahrt, möchte, dass es ihm gut geht. Deswegen ist Gottes Wort für ihn so wichtig. Aus dem sich sträubenden Jeremia wird zunächst ein dankbarer Jeremia. Vers 16: Dein Wort ward meine Speise, sooft ich's empfing, und dein Wort ist meines Herzens Freude und Trost.

Auch den Öko-Unheilspropheten des 20. Jahrhunderts erging es so: Bei allem anfänglichen Sträuben – wenn sie einmal verinnerlicht hatten, dass es dringend notwendig ist, dass jemand den Finger auf die Wunden dieser Erde legt, dann können sie nicht mehr anders, als predigen! Als laut und deutlich zu benennen, was falsch läuft. Weil auch sie diese Welt lieben, Teil dieser Welt sind und wollen, dass sie für unsere Kinder lebenswert bleibt. Und auch wenn die Öko-Bewegung oft so unreligiös daherkommt – viele beziehen ihre Motivation und ihre Einsichten durchaus aus Gottes Wort, indem sie betonen, dass es sich bei unserem Lebensraum um Gottes gute, erhaltenswerte Schöpfung handelt, die nur für einen bestimmten Zeitraum unserer Fürsorge anvertraut ist.

Die Botschaft verselbständigt sich. Sie ergreift Besitz von dem Botschafter. Er wird zu seiner Botschaft. Er stellt sie nicht mehr in Frage. Die Botschaft muss gesagt werden und sie muss durch mich gesagt werden. Und ich habe Freude daran, denn ich habe diesen Weg als den richtigen erkannt. So erging es Jeremia genauso wie den neuzeitlichen Propheten.

Wie einfach wäre es, würde alle Welt genauso gut verstehen, was ich für mich als richtig erkannt habe! Manchmal denken wir uns das, wenn für uns etwas sonnenklar ist – und wir uns einfach nicht vorstellen können, dass dies nicht in den Schädel des anderen hinein will! Jeremia trifft offenbar auf ein bockiges Volk. Sie wollen seine Prophezeiungen nicht hören – ach der schon wieder! – lasst uns lieber feiernd untergehen wie ein paar Jahrtausende später die Menschen auf der Titanic. Und so stört er, stört ihre Feiern und ihren selbst gemachten trügerischen Frieden, stört ihre Selbstgerechtigkeit und Selbstherrlichkeit. Und das lässt sich keiner lange bieten. Die Menschen haben sich eingerichtet, Jeremias Themen sind nicht ihre Themen, so wenig wie die ökologischen Themen lange Zeit die Themen der breiten Masse waren.

Sie wollen ihre Ruhe haben – vielleicht hört er ja damit auf, immer den Teufel an die Wand zu malen, wenn wir ihn ins Lächerliche ziehen – ein wenig Spott hier, ein wenig Verleumdung da – aber sie hören nicht auf, die Unheilspropheten. Sie machen weiter, denn, wie wir gehört haben, sie sind ja die Botschaft selbst, sie können ja nicht anders. Also müssen diejenigen, denen das auf den Geist geht, schon schwerere Geschütze auffahren. Jeremia beschreibt diese Geschütze so: Jedermann hadert und streitet im ganzen Land gegen mich! Ich bin so wenig geachtet, ich bin wie ein Aussätziger im Volk! Manchmal wünschte ich mir, dass ich nie geboren wäre! Sie verfolgen mich, sie sind mir feindlich gesinnt, sie erheben falsche Anklage gegen mich, sie stecken mich ins Gefängnis und sie trachten mir nach dem Leben!

Das ist die Situation des Jeremia und er fragt sich völlig zu recht: Kann denn das sein? Es ist doch etwas Gutes, das ich den Menschen zu sagen habe! Ich tue das doch für sie und nicht gegen sie! Und außerdem kommt das, was ich sage, doch von Gott und nicht aus mir selbst. Es hat doch eine ganz andere Autorität! Wenn mir Gottes Wort klar ist und aufgeht, warum dann den anderen nicht? Sehen sie denn nicht, wohin ihr falscher Weg führt? Sind nicht die Vorzeichen des Unheils schon geradezu greifbar?

Und Jeremia stößt damit auf eine Grundbefindlichkeit menschlichen Lebens. Nein, die Menschen wollen die Vorzeichen nicht sehen, nicht, solange sie nicht selbst existentiell betroffen sind. Solange man die in den Pantoffeln steckenden Füße hochlegen kann, während man die Berichte über Tausende Tote bei Überschwemmungen in Bangladesh im Fernsehen zur Kenntnis nimmt, solange sind die Unheilspropheten lediglich unliebsame Störenfriede.

Und wenn sie zu laut werden, müssen sie um ihr Leben fürchten. So wie Jeremia. Das ist die Situation, an der er verzweifelt, an der er leidet. Warum muss ich das aushalten, Gott? Warum strafst Du mich mit der Ignoranz der Menschen? Warum lässt du zu, dass ich verfolgt werde, dass ich mich verstecken muss, weil mir nach dem Leben getrachtet wird? Und ihm kommen seltsame Gedanken. Seltsame, aber völlig logische und verständliche. Was ist nun, wenn ich sterbe und nicht gesehen habe, dass ich recht hatte? Das darf nicht sein! Und er bittet Gott: Lass mich nicht hinweggerafft werden, während du deinen Zorn über sie noch zurückhältst (Vers 15). Und auch diese Stelle erinnert an Jeremias Propheten-Kollegen Jona, der auch sauer darüber war, dass Gottes Gericht ausblieb.

Jeremia begegnet uns gerade an dieser Stelle ausgesprochen menschlich. Vielleicht hätten wir von ihm, von einem Propheten, von einem Vorbild im Glauben erwartet, dass er über den Dingen steht, dass er seine Verfolgungen trägt, dass er letztlich die Dinge, so wie sie geschehen, klaglos und widerspruchslos aus Gottes Hand nimmt. Aber so ist er nicht. Nicht mal er, der Prophet, das Vorbild im Glauben. Er will Gerechtigkeit, so wie er sie versteht. Und das kann nur heißen: Gott, du hast mir dein Wort ins Herz gegeben. Du hast mir gezeigt, was richtig ist. Ich hab' es verstanden und mich an deinem Wort gefreut. Ich weiß, dass es die Zukunft ist, nicht nur für mich sondern für das ganze Volk. Du hast mich gesandt, es ihnen zu sagen. Aber sie wollen nicht hören und verfolgen mich dafür. Jetzt zeig du ihnen bitte, wo der Hammer hängt! Zeig ihnen, wo es hinführt, wenn sie nicht hören wollen. Sie betteln ja geradezu um dein Gericht! Jetzt komm und mach sie fertig und lass mich dabei zusehen!

Im Januar war ich an einem Sonntag in Hamburg. Aus dem Radio erfuhr ich, dass der Hamburger Senat diesen Tag als autofreien Sonntag deklariert hatte. Noch war diese Aktion freiwillig. Man will noch drei weitere Sonntage über das Jahr 2008 so gestalten und dann sehen, wie dies bei der Bevölkerung angenommen wird, um daraus später dann verbindliche autofreie Sonntage einzuführen. Die Benutzung der öffentlichen Verkehrsmittel war an diesem Tag kostenlos. Im Radio hörte man dann schon einige erste Reaktionen von Hamburger Bürgern.

Überwiegend war von Zustimmung zu hören, manche drückten ihre Freude über die kostenlosen Busse und S-Bahnen aus. Und dann gab es einen Mann, der fiel total aus der Rolle. Das interessiere ihn alles nicht, er würde nie auf sein Auto verzichten, auch nicht, wenn es verbindlich wäre, das gehöre zu seiner Freiheit, er würde dann dagegen klagen und überhaupt möchte er in Ruhe gelassen werden mit diesem ganzen Schwachsinn.

Ich ertappte mich beim Hören dieses Interviews bei dem Gedanken, die nächste Überschwemmung möge seinen Keller treffen – und ich fühlte mich in diesem Moment dem Propheten Jeremia sehr nahe!

Ja, es ist wahrscheinlich sehr menschlich, von Gott eine ach so gerecht erscheinende Strafe für die Uneinsichtigen dieser Welt zu fordern und zu erwarten. In einem alten Film, an dessen Titel ich mich nicht mehr erinnere, wird diese Erwartung schmunzelnd mit dem Satz ausgedrückt: Herr, wo bleibt der Blitz!

Eine solche Haltung kann man natürlich mit Bosheit oder zumindest mit Selbstgerechtigkeit verwechseln, wenn sie aus einem Gefühl der hämischen Rechthaberei erwächst: seht ihr, so geht's dem Bösen – aber mir passiert so etwas nicht! Ich denke aber, dass dieser Vorwurf gegenüber Jeremia nicht erhoben werden kann. Denn Jeremia steht nicht außerhalb, als unbeteiligter Beobachter, sondern er ist selbst Teil des Volkes. Wenn er sagt, Herr, lass dein Gericht nicht ausbleiben, dann sagt er das nicht als unbeteiligter Beobachter, sondern als einer, den es ganz genauso mit betrifft, wie alle anderen auch. Er selbst wird im Gericht seinen Verfolgern gleich. Und das gibt seiner Botschaft noch einmal eine ganz besondere Ernsthaftigkeit.

Er will nicht irgendetwas Abstraktes für irgendjemand, der außerhalb von ihm existiert, sondern er will ein gutes Leben für das Volk, also auch für sich selbst, unter der Wirklichkeit des lebendigen Gottes. Und da seine Botschaft letztlich von Gott kommt, kann man diesen Satz auch noch einmal umschreiben: Gott will nicht irgendetwas Abstraktes, etwas, das seiner Allmacht entspringt und was die Menschen allein deswegen zu akzeptieren hätten, sondern er ist mit seiner Botschaft und in seinem Propheten selbst Teil des Volkes. Darum kann seine Botschaft, auch wenn sie Unheil ankündigt, niemals lieblos oder boshaft oder selbstgerecht sein. Gott will gutes Leben für sein Volk und damit letztlich auch für sich, den Schöpfer und Schöpfung gehören zusammen im Sinne der Offenbarung des Johannes: Er selbst wird ihr Gott sein und sie werden sein Volk sein.

So leidet Gott mit Jeremia an der Starrsinnigkeit des Volkes, dessen Verhalten dieses gute Leben manchmal unmöglich macht. Zwar ist es auch "gutes Leben", das das Volk sich vorgaukelt und weswegen es durch Jeremia nicht gestört werden will, aber es ist Leben, das auf Gott verzichtet und darum nicht eigentlich "gutes Leben" genannt werden kann.

Auch die auf der ökologischen Ebene mahnenden Stimmen stehen nicht außerhalb, sind keine unbeteiligten Beobachter. Sie sind Teil dieser einen Erde und in diesem Sinne Betroffene. Auch sie wollen letztlich gutes Leben, Leben, das diesen Namen verdient, für andere wie für sich selbst. Und die Einsicht wächst, dass dieses gute Leben sich nicht über ein ständiges Wachstum, über ein immer mehr definiert, sondern über eine Einfachheit, über eine Rückbesinnung auf die Dinge, die ein Leben wirklich reich machen können – und dazu gehört die Wahrnehmung Gottes als Schöpfer, als einer, der liebt, was er geschaffen hat und selbst gutes Leben will

Alle diese Einsichten heben aber nicht auf, dass wir in unserem eigenen prophetischen Auftrag wie Jeremia an den Umständen, in die hinein wir zu predigen haben, leiden können, manchmal auch so stark, dass wir schier daran verzweifeln mögen. Denn obwohl wir Gott in uns tragen, in unserer Botschaft, aber auch in unserer Geschöpflichkeit, bleiben wir doch auch Gottes Gegenüber, bleiben wir doch auch Menschen.

Jeremias Leid und seine Verzweiflung an seiner Aufgabe zeigt uns in dem Leid und der Verzweiflung an den Aufgaben unseres Lebens stellvertretend, wie sehr wir den Trost Gottes und sein Zur-Seite-Stehen brauchen. Unser Abschnitt endet deshalb in den Versen 19 - 21 mit einer grandiosen Zusage Gottes. Wir ahnen schon: diese Zusage lautet nicht: Warte noch ein Vierteljahr, dann kommt das Strafgericht und alle seine Folgen und du kannst es dir anschauen. Nein, sie lautet: wenn du dich zu mir hältst, so will ich mich zu dir halten. So einfach. Vergiss nicht, wem du dich und dein Dasein verdankst. Das ist ja gerade der Fehler, den die anderen machen, was dir auffällt, wogegen du angehst und was du ihnen einfach sagen musst. Dass sie dich nicht hören wollen, darf dich nicht dazu verführen, selbst in ihre Denkweise zu verfallen: Sie sollen sich zu dir kehren, doch du kehre dich nicht zu ihnen!

Dann will ich dich auch nicht vergessen. Dann mache ich dich stark, dass du wie eine feste Mauer bist, an der die Feinde vergeblich anrennen. Sie können dir nichts anhaben, es tropft an dir ab.

Ich weiß nicht, ob Jeremia diese Worte getröstet haben. Aber ich weiß, dass er weitergemacht hat. Dass er Gottes Prediger blieb. Dass er sich ein Leben lang an den Auftrag Gottes hielt: du sollst recht reden und nicht leichtfertig, dann wirst du mein Mund sein.

Jeremia hätte auch resignieren können. Aber durch sein Leben hat er uns ermutigt, zu den Dingen, die in unserem Leben, in unserem Umfeld und in unserer Welt schief laufen, nicht zu schweigen. Das verdanken wir Jeremia. Wenn wir von unserem Glauben her etwas als falsch erkennen, dann haben wir zu reden. Dann haben wir das in aller Ehrlichkeit zu benennen. Wir sollen es recht tun und nicht leichtfertig, aber wir sollen es auf keinen Fall verschweigen. Auch dann nicht, wenn wir anzuecken drohen. Und auch nicht, wenn wir über unsere Erkenntnis einmal so zu verzweifeln drohen, wie es Jeremia geschah. Dann gilt auch uns die Zusage: Denn ich bin bei dir, dass ich dir helfe und dich errette, spricht der Herr.

Fünfzehn Jahre Deutsche Einheit

Ökumenischer Gottesdienst zum Bürgerfest. 2005.

Jeremia 29, 7

(7) Sucht der Stadt Bestes!

Liebe Bürgerfest-Besucher,

zum 15. Mal feiert Reichenbach dieses Bürgerfest und 15 Jahre ist es her, dass sich Menschen aus Ost und West am 3. Oktober in den Armen lagen. Wir feiern dieses Fest heute in der Spannung zwischen Euphorie und Ernüchterung. Die 15 ist kein großes Jubiläum wie etwa die 50 oder gar die 100 – aber 15 Jahre sind uns Anlass genug, um einmal innezuhalten, die vergangenen Jahre zu bedenken und einen Blick in die Zukunft zu wagen.

Vielleicht sehen wir die Bilder noch vor uns aus den Jahren 1989/90 – und sie werden uns in diesen Tagen ja auch über die Medien wieder häufiger ins Haus gebracht – die Bilder von feiernden Menschen vor dem Brandenburger Tor, von Menschen, die auf der Mauer stehen. Auf irgendeinem Kanal wird auch sicher wieder zu sehen sein, wie die Worte des damaligen Außenministers Hans-Dietrich Genscher an die Flüchtlinge in der Prager Botschaft im Jubel untergingen. Es ist schwer, sich den Gefühlen, die diese Ereignisse in uns auslösen, zu entziehen. Es war eine euphorische Stimmung damals. Euphorie entsteht, wenn die Menschen von ganz starken Hoffnungen bewegt werden. Die griechische Vorsilbe Eu- bedeutet im Deutschen: gut. Die Menschen erwarten etwas Gutes. Die Wende der Welt oder ihrer persönlichen Lebensumstände zum Guten.

15 Jahre danach hat sich die Euphorie längst gelegt. Zwar haben sich manche Dinge tatsächlich zum Guten gewendet. Das Ende des Kalten Krieges ist so ein Beispiel, für das wir auch heute noch dankbar sein dürfen. Aber es gibt eben auch Beispiele, besonders aus dem Bereich der persönlichen Biografien, in denen die Erwartungen vor 15 Jahren einer Ernüchterung, manchmal sogar einer schweren Ernüchterung Platz gemacht haben.

Jetzt kann man natürlich einwerfen, dass dies an den Erwartungen gelegen habe. Natürlich waren sie manchmal zu hoch. Das ist eine ganz normale Folge der Euphorie, dass die mit ihr verbundenen Erwartungen hin und wieder über das Ziel hinausschießen und dann natürlich auch enttäuscht werden können. Was wir hier am Beispiel der politischen Wende 1990 sehen, ist ein Spiegelbild unseres Lebens. Jeder Aufbruch, jeder Neubeginn ist von Euphorie, von Erwartungen und Hoffnungen begleitet. Jeder Alltag dagegen kennt die Ernüchterung. Das ist im persönlichen Bereich so, im beruflichen, im familiären. Es ist so etwas wie ein Gesetz unseres Lebens. Und die Frage ist, wie wir damit umgehen. Es muss wohl eine gewisse Balance geben zwischen Euphorie und Ernüchterung. In der Euphorie schießen meine Erwartungen dann nicht über das Ziel hinaus, wenn ich um die Ernüchterungen weiß, die kommen können. Und in Zeiten der Ernüchterung darf ich meine Hoffnungen und das Wissen um die Möglichkeit neuer Aufbrüche, neuer Euphorien nicht verlieren.

Ich erlebe in diesen Tagen, dass es eine Menge Menschen gibt, die diese Balance nicht halten können. Sie resignieren, ziehen sich zurück: es hat ja doch alles keinen Sinn! Sie fokussieren das Schlechte, die Missstände, und blenden das Hoffnungsvolle aus! Im Blick auf die Gesellschaft wird Gegenwärtiges ausschließlich als schlecht empfunden, Vergangenes dagegen glorifiziert. Diese Haltung hindert zwangsläufig daran, auch im Gegenwärtigen die Chance zum Aufbruch zu erkennen. Es stimmt schon, unsere Demokratie macht in diesen Tagen nach der Wahl nicht die beste Figur. Aber sie bleibt die einzige Gesellschaftsform, die der Würde des Menschen, die er übrigens auch nach dem biblischen Menschenbild als Ebenbild Gottes besitzt, wenigstens annähernd gerecht wird. Keine wie auch immer geartete Diktatur kommt dieser Würde in gleicher Weise nahe. Und diese Würde besteht wesentlich auch darin, die Chancen für Neuanfänge und Aufbrüche zu haben.

Deswegen stimmt es mich traurig, wenn Menschen sich zurückziehen, resignieren. Es gibt einen biblischen Auftrag, den jeder kennt: Sucht der Stadt Bestes! (Jer. 29,7) Er heißt übersetzt: Arbeitet mit! Gestaltet mit! Das ist oftmals ein Suchen nach dem richtigen Weg. Es fliegt uns nicht zu. Dazu gehört auch Entbehrung, Einsatz und Opfer. Aber es lohnt sich! Für unser Land und unsere Gesellschaft.

Bischof Jochen Bohl fasste diesen Gedanken in einer Predigt in Schneeberg folgendermaßen zusammen: „Es ist ein gutes Land, in dem wir Deutschen leben dürfen. Es hat alle unsere Mühe, Besonnenheit und Anstrengung zugleich verdient, damit es blühe in Freiheit und Gerechtigkeit.“

Für mich sind diese Sätze auch eine Aufforderung, nach Zeichen möglicher Neuanfänge in meinem persönlichen Umfeld zu schauen, ihnen durch mein Tun und durch meine Euphorie eine Chance zu geben und der Resignation zu wehren.

Bevor ich mögliche Handlungsfelder benenne, in denen euphorische Aufbrüche nicht nur möglich, sondern auch geboten sind, möchte ich nach dem biblischen Befund schauen, der eine solche Haltung stützt. Ich hatte vorhin schon die Würde des Menschen angesprochen, die er wesentlich daraus bezieht, dass er vom Schöpfer selbst als sein Ebenbild angesehen wird. Ich bin davon überzeugt, dass dies nicht – oder nicht nur – dem Aussehen nach, sondern vor allem dem Wesen nach gemeint ist. Und Gott ist ein schöpferischer, gestalterischer Gott! Er ist geradezu ein euphorischer Gott. Voller Energie, etwas zu beginnen, zu gestalten, zu schaffen – Resignation ist ihm fremd! Und wo er doch resignative Züge zeigt, erhebt er sich aus ihnen mit einem machtvollen Neubeginn! An 2 biblischen Begebenheiten möchte ich das deutlich machen. Zunächst eine aus dem AT: Sie alle kennen die Geschichte von der Sintflut. Da sagt Gott: „Das Dichten und Trachten des menschlichen Herzens ist böse allezeit." O, klingt das resigniert! Und viele von uns stimmen nur zu gern ein in diesen Satz und entschuldigen damit ihre eigene Resignation. Sehen dann schon nicht mehr hin, wie Gott diese verfahrene Situation auflöst mit seinem machtvollen Neubeginn mit dem Menschen. Als äußeres Zeichen bekommt dieser euphorische Neubeginn den Regenbogen, Zeichen des Bundes Gottes mit uns. Und im NT erinnere ich Sie an die Begebenheit um Jesu Tod und Auferstehung. Wie resigniert waren die Jünger damals darüber, dass alles offenbar nichts genützt hat, dass die Gewalt über das Gute gesiegt hat. Und wer damals mit unter dem Kreuz stand, hat sich nach menschlichem Ermessen wohl nicht vorstellen können, welch erneuter machtvoller Neubeginn sich aus dieser scheinbaren Endgültigkeit erheben wird!

Sowohl die Geschichte Gottes mit dem Volk Israel als auch die Geschichte der Christenheit ist voll von Neuanfängen, von euphorischen Aufbrüchen! Fast könnte man sagen: Die Geschichte Gottes mit den Menschen ist ein einziger Aufbruch! Wir sind auf dem Weg, hin zu einem Ziel. An diesem Ziel erwartet uns nun aber nicht die Ernüchterung eines Alltags, sondern Gottes neue Welt, in der es kein Leid, keine Gewalt, und keine Resignation darüber mehr geben wird. Die Haltung des schöpferischen Neubeginns wird sozusagen zum Dauerzustand. Darauf gehen wir zu. Und wenn ich meine eigene Glaubensgeschichte so verstehe, dann ist mir Resignation wesensfremd. Im Gegenteil: ich lasse mich dazu aufrufen, immer wieder neu zu beginnen. Ich lasse mich dazu aufrufen, mich von meiner von diesem Ziel gespeisten Euphorie mitreißen zu lassen!

Was kann das bedeuten für unsere Gegenwart, 15 Jahre nach der politischen Wende in Deutschland? Noch immer sind es drei Stichworte aus den 70er Jahren, die am deutlichsten umreißen, auf welchen Handlungsfeldern euphorische Aufbrüche dringend erforderlich sind. Es sind die Handlungsfelder des so genannten konziliaren Prozesses, Frieden, Gerechtigkeit und Bewahrung der Schöpfung. Natürlich müssen diese bislang ungelösten Probleme der Menschheit global angegangen werden. Aber der euphorische Schöpfergott erwartet dabei mehr von uns als nur ein resignierendes „Was kann ich schon tun?“! Nehmen wir das Beispiel Frieden. Natürlich können wir allein nicht für den Weltfrieden sorgen. Aber was haben wir nicht für ungeahnte Möglichkeiten! Unsere Phantasie ist gefragt. Das Frieden-Halten in unserem persönlichen Umfeld muss dabei Hand in Hand gehen mit einem klaren, deutlich hörbaren Nein zur Lösung von Konflikten mit Waffengewalt.

Oder betrachten wir das Feld Bewahrung der Schöpfung. Auch hier brauchen wir neue euphorische Aufbrüche. Dabei ist es gar nicht so verkehrt, sich die Schreckensnachrichten vor Augen zu führen, wie sie von Zeit zu Zeit an die Öffentlichkeit kommen. Der jüdisch-amerikanische Philosoph Hans Jonas nennt dies die Heuristik der Furcht. Erst in den vergangenen Tagen hat sich das Max-Planck-Institut wieder mit einer neuen Studie zu Wort gemeldet. Danach wird es nicht einmal mehr ein Menschenalter dauern, bis die Stadt Stralsund z.B. aussieht wie Venedig. Die Insel Rügen wird die Hälfte ihrer Fläche verlieren. Und auch das Binnenland wird es spüren. Trockenere Sommer, feuchtere Winter, extremere Wetterlagen, Stürme, Hitzeperioden... Und ich muss sagen, ich vermisse den kollektiven Aufschrei. Die Betroffenheit, die uns dazu führt, intelligent und phantasievoll zu handeln.

Und ich muss auch sagen, dass ich dieses Thema im Wahlkampf vermisst habe. Da wurde uns von fast allen Seiten Glauben gemacht, die Arbeitslosigkeit sei das größte Problem, das unser Land zu lösen hätte. Natürlich ist Arbeitslosigkeit für den Betroffenen schlimm und es muss jede Anstrengung unternommen werden, um diese Situation für den Betroffenen menschenwürdig zu gestalten. Aber es ist nicht Deutschlands größtes Problem! Aufgrund der demographischen Entwicklung werden wir in 10, 15 Jahren Mühe haben, Arbeitskräfte zu finden! Das Thema Arbeitslosigkeit wird sich in einem überschaubaren Zeitraum von selbst erledigt haben. Nein, es bleibt unser größtes Problem, eine Antwort zu finden auf die Frage: Wie können wir unseren Kindern und Enkeln eine Welt hinterlassen, in der sie noch frei atmen können und ohne Furcht essen und trinken, in der sie gut leben können. Wir müssen mit neuer Euphorie an diese Fragen herangehen. Und weil wir Christen unsere Welt als Schöpfungsgeschenk verstehen, dürfen wir uns ruhig an die Spitze dieser neuen Euphorie stellen.

15 Jahre Deutsche Einheit – und seit 1991 begeht dies Reichenbach mit einem Bürgerfest. Unsere Stadt macht damit klar: das ist ein Fixpunkt in der Geschichte unseres Volkes, über den man sich freuen kann, der sich lohnt, gefeiert zu werden! Seit 15 Jahren können wir uns euphorische Aufbrüche überhaupt erst vorstellen! Dass man sich bei manchem Aufbruch auch verrennt und sich so manche blutige Nase holt, das gehört auch dazu. Aber wir lernen daraus und es ist allemal besser, als die hoffnungslose Zufriedenheit, die vorher von uns Besitz ergriffen hatte. Deswegen bitte ich Sie: feiern Sie mit! Die Stadt Reichenbach buchstabiert im Moment ihre eigenen euphorischen Aufbrüche. Der Tag des Sachsen 2007, die Landesgartenschau 2009. Ich höre auch resigniert-missmutige Stimmen wie „Was soll das denn!“, „Da übernimmt sich die Stadt!“, „Was das wieder kostet!“ Und ich bitte Sie: stimmen Sie nicht mit ein in diesen Chor. Sondern freuen Sie sich mit und erfüllen diese Vorhaben mit Leben. Mit ihrer eigenen Euphorie. Die Kirchgemeinden jedenfalls werden dies tun.

Das Lied, das wir jetzt miteinander singen, spricht von Versöhnung. Versöhnung steht oft an einem Neuanfang, an einem euphorischen Aufbruch. Versöhnung mit einem anderen Menschen, Versöhnung mit Gott, Versöhnung mit der Umwelt, Versöhnung mit einer Lebenssituation, Versöhnung mit sich selbst. Und wie sich das anfühlt, so ein euphorischer Aufbruch, davon spricht dieses Lied: Wie ein Fest nach langer Trauer… Amen.

2. Predigten Neues Testament

Vom Sorgen zum Staunen

Familiengottesdienst. 2012.

Matthäus 6, 25-34

(25) Darum sage ich euch: Sorgt nicht um euer Leben, was ihr essen und trinken werdet; auch nicht um euren Leib, was ihr anziehen werdet. Ist nicht das Leben mehr als die Nahrung und der Leib mehr als die Kleidung? **(26)** Seht die Vögel unter dem Himmel an: sie säen nicht, sie ernten nicht, sie sammeln nicht in die Scheunen; und euer himmlischer Vater ernährt sie doch. Seid ihr denn nicht viel mehr als sie? **(27)** Wer ist unter euch, der seines Lebens Länge eine Spanne zusetzen könnte, wie sehr er sich auch darum sorgt? **(28)** Und warum sorgt ihr euch um die Kleidung? Schaut die Lilien auf dem Feld an, wie sie wachsen: sie arbeiten nicht, auch spinnen sie nicht. **(29)** Ich sage euch, dass auch Salomo in aller seiner Herrlichkeit nicht gekleidet gewesen ist wie eine von ihnen. **(30)** Wenn nun Gott das Gras auf dem Feld so kleidet, das doch heute steht und morgen in den Ofen geworfen wird: sollte er das nicht viel mehr für euch tun, ihr Kleingläubigen? **(31)** Darum sollt ihr nicht sorgen und sagen: Was werden wir essen? Was werden wir trinken? Womit werden wir uns kleiden? **(32)** Nach dem allen trachten die Heiden. Denn euer himmlischer Vater weiß, dass ihr all dessen bedürft. **(33)** Trachtet zuerst nach dem Reich Gottes und nach seiner Gerechtigkeit, so wird euch das alles zufallen. **(34)** Darum sorgt nicht für morgen, denn der morgige Tag wird für das Seine sorgen. Es ist genug, dass jeder Tag seine eigene Plage hat.

Liebe Gemeinde, liebe Kinder,

als ich selbst noch ein Kind war, da wollte ich immer gern sorgenfrei sein. Ich überlegte mir, was alles noch passieren müsste, damit dieser Zustand eintritt: die nächste Klassenarbeit müsste vorüber sein – und nicht nur das; sie müsste auch bereits korrigiert sein – und das Ergebnis nicht ganz so schlimm... Und wenn doch, dann müsste die Beichte bei den Eltern schon vorbei sein, dieses Schamgefühl, schon wieder versagt zu haben – ich konnte dann die sorgenvollen Augen sehen – letztendlich war meine Hauptsorge, dass andere sich meinetwegen Sorgen machen mussten!

Ach, wenn das alles nicht sein müsste, wenn nichts vor einem stünde, was zu irgendeiner Sorge Anlass gibt – das wäre doch schön!

Die Klassenarbeit war vorbei, die Beichte bei meinen Eltern auch so schlimm war's am Ende gar nicht – da stand Neues an! Ich hatte etwas gemacht, was sich am Anfang vielleicht ganz lustig anfühlte, dann aber schnell zum Problem wurde – vielleicht kennt ihr ja die Werbung, in der die Lehrerin in das Klassenzimmer reinkommt, die Tafel aufklappt, ein nettes Portrait von sich sieht und dann in die Klasse hinein fragt: „Wer war das?“ Ja, so etwas ähnliches hatte ich gemacht. Und ich hatte schon kurz nach der Fertigstellung des Gemäldes das dringende Gefühl: Das geht schief! Noch war Zeit, es zu korrigieren! Aber das hätte mich vor der Klasse als Schwächling dastehen lassen. Dann war keine Zeit mehr. Es waren nur noch Sekunden, bis sie zur Tür hineinkommen musste – und die brennende Sorge machte sich breit: Was ist, wenn sie an irgendetwas erkennt, dass du das warst? Darauf, dass sich alle geschlossen melden, so wie in der Werbung, konnte ich mich natürlich nicht verlassen.

So langsam dämmerte es mir: gibt es denn das überhaupt? Das sorgenfreie Leben? Stolpert man nicht immer von einer Sache, die einem Sorgen bereitet, in die nächste? Und wie oft kam dann der Gedanke: Hättest du diesen Unsinn nicht gemacht, dann müsstest du jetzt keine Sorgen haben.

Die Sache mit den Rosinen zum Beispiel. Dass ich die nicht gerne esse, ist ein offenes Geheimnis. Ich erinnere mich an eine Begebenheit aus der 6. Klasse. Klassenfahrt, alle saßen zum Mittagessen an einem großen Tisch. Es gab etwas Undefinierbares, ein Auflauf vielleicht, etwas, was man beim Griechen heute vielleicht Moussaka nennt. Ich kannte es nicht, schmeckte aber ganz gut – bis ich die erste Rosine entdeckte. Was nun? Sie heraus zu sortieren war peinlich, die anderen hatten offenbar keine Probleme damit – einfach alles stehen lassen? Ging nicht, ich hatte ziemlichen Hunger. Also entschied ich mich, die Rosinen nicht nur im übertragenen Sinne unter den Tisch fallen zu lassen. Schnell hatte ich eine gewisse Übung darin, sie so zu verteilen, dass nicht alles an meinem Platz liegen blieb...

Es gelang ganz gut – aber was soll ich sagen? Mir ging es nach dem Essen nicht wirklich gut. Da war wieder die Sorge, erwischt zu werden, und der nervende Gedanke: hättest du diesen Unsinn nicht gemacht, dann würde es dir besser gehen. Natürlich wurde der Zustand des Fußbodens bald bemerkt – und die Lehrer schossen sich auf einen anderen ein, von dem sie glaubten, er sei es gewesen! Die kurzzeitige Erleichterung darüber wich bald einem Gefühl, das man nur schwer beschreiben kann, jedenfalls fühlte ich mich ziemlich schlecht.

Von einer Sorge zur anderen – sorgenfreies Leben gibt es wohl nicht. Es sei denn, man stellt halt nichts an. Aber das gelingt wohl den Wenigsten! Doch was man auch feststellen kann: wenn man zu seinem Unsinn steht, dann ist für einen gesorgt! Dann merkt man sehr schnell, dass es Auswege aus der Sorge gibt! Dass man nicht zwangsläufig immer tiefer reinrutschen, immer schneller auf die schiefe Bahn kommen muss. Die Rosinengeschichte ging übrigens so aus, dass ich mich tatsächlich überwunden habe, bei den Lehrern die Sachlage richtig zu stellen. Und staunend stellte ich fest, dass der erste Zorn bereits verraucht war. War anfangs noch von einem Heimschicken die Rede, reichte es jetzt, dass ich das Ganze lediglich saubermachen musste.

Liebe Gemeinde, liebe Kinder,

Sorge ist oft etwas Hausgemachtes. Natürlich gibt es auch echte Sorgen. Für die ich nichts kann und die mir zu schaffen machen. Jesus bietet uns an, ihm alle unsere Sorgen zu sagen. Und er lässt uns staunen darüber, wie Gott mit unseren Sorgen umgeht. Die Vögel unter dem Himmel und die Lilien auf dem Feld führt er als Beispiele an, wie er sich um uns Menschen kümmert. Manche Sorgen nimmt er selber weg. Wandelt sie in Staunen um. Bei manchen Sorgen gibt er uns vielleicht die Einsicht, wie wir sie selbst umwandeln können. Und vielleicht lässt er uns auch einmal eine Sorge ein bisschen länger – damit wir dadurch dahinterkommen, was er von uns möchte. Wie er es auch tut: das, was er tut, ist Ausdruck seiner Liebe zu uns. Und das lässt uns staunen und uns verstehen, dass nur das Vertrauen zu ihm ein letztlich sorgenfreies Leben verspricht.

Wenn ihr also wieder mal etwas verbockt habt, dann fragt danach, was Jesus jetzt tun würde. Das ist ohnehin eine gute Frage, an der sich allerhand prüfen lässt, was man so tut. Und dann setzt es um. Ihr werdet sehen, wie schnell sich eure Sorge in Staunen verwandelt. Diese Erfahrung wünsche ich euch in eurem Leben immer wieder.

Der Schatz

Predigt nach 4-monatiger Krankheit. 2013

Matthäus 13, 44 - 46

(44) Das Reich der Himmel gleicht einem im Acker verborgenen Schatz, den ein
Mensch fand und verbarg; und vor Freude darüber geht er hin und verkauft alles,
was er hat, und kauft jenen Acker. **(45)** Wiederum gleicht das Reich der Himmel
einem Kaufmann, der schöne Perlen sucht; **(46)** als er aber eine sehr kostbare
Perle gefunden hatte, ging er hin und verkaufte alles, was er hatte, und kaufte sie.

Liebe Gemeinde!

Knapp 4 Monate ist es her, seit ich zum letzten Mal hier gestanden und gepredigt habe – vielleicht haben wir einander vermisst, vielleicht fragen Sie sich: was hat er nur getan in dieser langen Zeit? Hat er vielleicht schöne Perlen gesucht wie der Kaufmann im biblischen Gleichnis oder einen verborgenen Schatz? Und: hat er gefunden, was er suchte?

Sie werden's nicht glauben: Ja, so könnte es gewesen sein! Ich habe in diesen 4 Monaten meiner Krankheit erlebt, dass es viele, viele Menschen in unserer Gemeinde gibt, denen das Schicksal des anderen, des Nächsten, des Menschen neben einem, nicht egal ist. Dass sie mitleiden, mitfiebern im wahrsten Sinn des Wortes, und sich mitfreuen, wenn es aufwärts geht mit der Gesundheit. Für den, der krank ist, ist es ein wunderbares Gefühl, zu wissen, dass das eigene Schicksal nicht etwas ist, das im luftleeren Raum schwebt, sondern dass es Menschen gibt, die es etwas angeht, die das Schicksal des anderen an sich heranlassen und es begleiten mit ihren guten Gedanken und Gebeten. Ich glaube, dies ist eines von vielen Paradigmen einer christlichen Gemeinde. Schön, dass es so ist!

Und ich möchte noch einen Schritt weitergehen: ja, diese Erfahrung, die man innerhalb unserer Gemeinde machen kann, ist so ein Schatz, so eine kostbare Perle, und man kann nur möglichst vielen Menschen wünschen, etwas derartiges zu finden. Dazu muss man nicht krank sein oder krank werden. Diese Erfahrungen kann man auch im körperlich gesunden Zustand machen. Das Aneinander-Denken, das Füreinander-Beten, das Umeinander-Wissen ist unser Schatz als Gemeinde, wertvoll und kostbar wie nichts sonst auf der Welt. Denn dieses Gefühl des Angenommen seins, des Beheimatet seins, kann mir kein Reichtum noch irgendein vergängliches materielles Gut vermitteln.

Wenn dies also der Schatz, die Perle ist, was muss ich dafür tun, es zu besitzen? Das Gleichnis sagt: alles verkaufen und von dem Erlös den Acker mit dem Schatz bzw. die Perle erwerben. Nun, sehr schnell werden wir richtigerweise einwenden, dass die Zuwendung zwischen Menschen nicht etwas ist, das man käuflich erwerben könnte. Was könnte dann damit gemeint sein? Der Kaufmann im Gleichnis verkauft rigoros alles, was er hatte. Vielleicht waren da ja schon Perlen darunter, die auch ihren vielleicht nicht unbeträchtlichen Wert hatten. Vielleicht fand er ja auch die eine oder andere besonders schön, hatte sein Herz daran gehängt und es fiel ihm schwer, sie wieder herzugeben! Aber er tat es doch, weil er erkannt hatte, dass diese eben gefundene neue Perle einen noch einmal sehr viel höheren Wert darstellte, als alles, was er bisher sein eigen genannt hatte.

Es geht also nicht um Kaufen und Verkaufen. Es geht darum, den Dingen in meinem Leben den richtigen Stellenwert zuzuweisen. Und da mag ich eine Zeitlang in meinem Leben ähnlich wie der Kaufmann Dinge gehabt haben, die ich als wertvoll erachtete – sie verblassen vor der Erfahrung der liebevollen Zuwendung von Menschen, so wie ich sie in den letzten Monaten erlebt habe. Das kann ich mir nicht kaufen und ich muss dafür auch nicht alles andere verkaufen. Aber ich kann staunen darüber, dass mir plötzlich aufgeht, was wirklich wichtig und wertvoll ist. Das ist wie der Himmel!

Und deswegen vergleicht Jesus wohl auch das Himmelreich mit diesen Erfahrungen. Es ist wunderbar, dass Jesus uns in seinen Gleichnissen immer wieder auf erstaunliche Weise das Unerklärbare erklärt. Wie wird es sein in jenem neuen Leben, auf das wir zugehen, das ewig sein wird und das wir umschreiben mit "Reich Gottes" oder eben mit "Himmelreich"? Erfahrungsberichte haben wir nicht. Wir können uns dieser Wirklichkeit nur in Bildern nähern und Jesu Gleichnisse sind uns dazu eine große Hilfe.

Mein gefundener Schatz ist die liebevolle Zuwendung zwischen Menschen. Ich glaube, wir lehnen uns nicht zu weit hinaus, wenn wir behaupten, dass dies etwas ist, was auch das Reich Gottes ausmacht. Jesu Beschreibungen sind voll von dem einen Aspekt, dass Gott sich uns in Liebe zuwendet. Und wenn wir Menschen uns schöpfungsgemäß als Ebenbilder Gottes verstehen, dann hat Gott uns mit genau dieser Begabung ausgestattet: dass wir uns einander liebevoll zuwenden können. Und wo immer dies gelingt, da ist schon ein Stück Himmel offen, da ist das Reich Gottes schon mitten unter uns.

Es ist also nicht etwas, was sich erst in ferner Zukunft ereignen wird, sondern etwas, was wir jetzt schon Wirklichkeit werden lassen können. Natürlich muss man auch sagen, dass wir noch nicht endgültig zuhause sind, dass wir uns noch in der Vorläufigkeit dieser Welt befinden, was daran deutlich wird, dass es eben nicht immer gelingt. Dass Menschen sich nicht immer liebevoll einander zuwenden. Aber sie sind grundsätzlich in der Lage dazu – und wo immer dies gelingt, ist Gottes Reich gegenwärtig unter uns. Und die christliche Gemeinde ist natürlich ein Ort, an dem man ruhig vermuten darf, dass es häufiger gelingt als anderswo. Denn sie hat die Bibel, die Gleichnisse, sie hat die Bergpredigt und alle Aussagen Jesu über den Vater. Sie hat das Doppelgebot der Liebe, sie weiß im Grunde, wie es geht. Sie muss nicht so lange nach dem Schatz suchen, er liegt praktisch vor ihren Füßen.

Und das ist auch das, was man "von außen" einer christlichen Gemeinde zutraut, dass bei ihr die Sorge umeinander und der Zusammenhalt einen ganz anderen Stellenwert haben als sonst in der Welt. Und manche, denen es gerade mal wieder nicht gelungen ist, blicken versonnen, fast mit ein wenig Neid auf diejenigen, für die Reinhard Mey diese Sätze geschrieben hat: habt Dank, dass ihr nie fragt, was es bringt, ob es lohnt. Vielleicht liegt es daran, dass man von draußen meint, dass in euren Fenstern das Licht wärmer scheint.

Sie haben diesen Schatz gefunden. Und wenn Sie ihn noch nicht gefunden haben, dann wissen Sie heute ein Stück bestimmter, wo Sie suchen müssen.

Jetzt werden Sie sagen: Na ja, vielleicht hängt er das Ganze doch ein wenig zu hoch! Es ist doch selbstverständlich, dass ich an andere Menschen denke und ihnen helfe, wenn sie mich brauchen. Das ist doch nicht der Rede wert. – Doch. Ist es. Es ist nichts weniger als der Himmel, der auf diese Weise erfahrbar wird. Für den Menschen, der Zuwendung erfährt und auch für den Menschen, der sie schenkt. Denn das ist das Grundbedürfnis von uns Menschen, seit es uns gibt. Man könnte es auch Liebe nennen. Es ist ein Stück Himmel, weil Gott sich uns auf gleiche Weise zuwendet. Und wenn wir tun, wozu er uns in die Lage versetzt hat, nämlich uns anderen Menschen zuwenden, dann haben wir schon eine Menge von ihm verstanden. Amen.

Kinder im Gottesdienst

Predigt aus Anlass einer Bewerbung am Sonntag Kantate. 2005.

Matthäus 21, 14-17

(14) Da kamen auch schon Blinde und Krüppel, und er heilte sie im Tempel. **(15)**
Als die Hohenpriester und die Gesetzeslehrer seine Wundertaten sahen und als sie hörten, wie die Kinder sogar im Tempel riefen: «Hosianna dem Sohn Davids!», wurden sie wütend und fragten Jesus: «Hörst du denn nicht, was die Kinder da schreien?» **(16)** «Ja, ich höre es», antwortete Jesus. «Habt ihr nie gelesen: 'Selbst unmündige, kleine Kinder werden dich loben!'?» (Psalm 8,3) **(17)** Damit
ließ er sie stehen, verließ die Stadt und ging nach Bethanien, um dort zu übernachten.

Liebe Plauener Luther-Gemeinde,

als vor knapp 3 Wochen die Anfrage kam, ob ich am Sonntag Kantate meinen Vorstellungsgottesdienst hier halten könnte, da habe ich spontan und erfreut Ja gesagt. Kantate ist ein thematisch sehr schöner Sonntag im Kirchenjahr. Es geht um Singen und Fröhlich-Sein, Dinge, die der christlichen Gemeinde seit jeher innewohnen. Die Kirchenmusik ist eines der größten und edelsten Geschenke, die Gott seiner Kirche gemacht hat. Singen zu können, Töne, Musik empfinden zu können und sich an ihr zu erfreuen – das kann Freude und Glück in uns Menschen hervorbringen. Die Kirchenmusik spielt auch in meiner Biografie eine entscheidende Rolle. Ich kann heute sagen, dass es die Kirchenmusik war, die mich letztlich zum Glauben gebracht hat. Das Singen von biblischen Texten, von Komponisten wie Heinrich Schütz, Johann Sebastian Bach, Max Reger, Johannes Brahms, Felix Mendelssohn-Bartholdy und vielen anderen in einen majestätischen Ausdruck gebracht – ja, das war es wohl. Dass ich daneben auch das Singen neuerer Lieder der Jungen Gemeinde mit Gitarre am Lagerfeuer unheimlich mag, tut dem vorher gesagten keinen Abbruch, sondern ergänzt es eher in einer guten Weise.

Singen tut gut, auf welche Weise auch immer. Singen bringt uns Gott näher. Es ist eine Gabe des Schöpfers, mit der er sich selbst verherrlicht. Singen heißt, ihn loben – ungebrochen, spielerisch, aus purer Lebensfreude.

Vom Singen ist nun eigentlich gar nicht die Rede in unserem Predigttext! Kinder schreien hier im Tempel und Erwachsene regen sich darüber auf! Ein ganz normaler Vorgang, könnte man sagen, so etwas passiert tagtäglich überall auf der Welt. In unserem Fall mussten die Kinder draußen bleiben, sie hatten keinen Zugang zum Innenbezirk des Tempels – also blieben sie bei den Händlern im Vorhof und vertrieben sich dort ihre Zeit und ihre Langeweile. Tausendmal verjagt von den Händlern, die ihre Ruhe haben und ihre Geschäfte machen wollten. Selten einmal passierte etwas Spektakuläres, selten einmal wurde ihre Aufmerksamkeit so erregt, wie dieses eine Mal, als dieser Jesus ohne Vorwarnung damit begann, in diesem Tempelvorhof Chaos zu verbreiten. Die Tische der Geldwechsler stieß er um, so wird berichtet – ich stelle mir vor, wie sie versuchen, ihr davonrollendes Geld einzusammeln – und die Kinder doch schneller sind! Ebenso macht er es mit den Gattern der Händler, die die Opfertiere verkaufen – auch hier das Hinterherrennen der Händler, um zu retten, was zu retten ist – bei Schafen mag das noch gehen, bei Tauben dagegen war der Erfolg wohl ziemlich dürftig…

Und inmitten dieses Chaos, inmitten dieses Durcheinanders – alles rennt und schreit - steht Jesus und ruft seine kraftvollen, markigen Worte: Dies mein Haus ist Stätte des Gebetes; ihr aber habt eine Räuberhöhle daraus gemacht!

Hand auf's Herz: was hätten Sie wohl getan, wenn sie diese Szene als Kind inmitten einer Horde Gleichaltriger miterlebt hätten? Na klar! Sie hätten wohl auch mitgejohlt, -geschrieen, -gejubelt! Endlich passiert mal was! Endlich zeigt's denen mal einer! Und sie jubeln ihm zu, mit einem Satz, den sie kennen, Hosianna dem Sohn Davids, es ist ein Pilgerruf, der immer wieder erklingt, wenn Pilger den Tempel erreichen, mit dem man aber natürlich keinen Menschen begrüßen oder ehren darf – es sei denn, es wäre der Messias!

Und genau das ist der Punkt, an dem die Hohenpriester und Schriftgelehrten einschreiten müssen. Denn sie sind unsicher. Unsicher darüber, ob er es vielleicht doch sein könnte! Natürlich haben sie auch Kenntnis von den Wundern, die er vollbracht hat. Ich glaube, sie wären durchaus bereit, ihn anzuerkennen. Aber sie wollen sicher gehen. Zu vielen falschen Propheten ist man schon nachgelaufen. Ist es wieder einer von diesen, dann ist das, was die Kinder rufen, eine hochbrisante Gotteslästerung. Und sie schreiten ein, indem sie Jesus fragen: Hörst du nicht, was die Kinder schreien? Sag' es uns, damit wir sicher gehen können!

Jesus gibt eine Antwort – wie so oft übrigens -, die weder bejaht noch verneint, die die Schriftgelehrten zurücklässt mit der Aufgabe, erstmal darüber nachzudenken. Und er wartet ihr Nachdenken nicht etwa ab! „Damit ließ er sie stehen." So lautet die Übersetzung der Elberfelder Bibel. Und ein wenig fühlte ich mich genauso stehengelassen mit diesem Satz: „Habt ihr nie gelesen: Selbst unmündige, kleine Kinder werden dich loben.“ Was meint Jesus mit diesem Zitat aus dem 8. Psalm?

In einzigartiger und sehr überzeugender Weise hat Ulrich Haag in einer Predigtmeditation (Gottesdienstpraxis Serie A. Arbeitshilfen für die Gestaltung der Gottesdienste im Kirchenjahr. III. Perikopenreihe, Band 2. Gütersloher Verlagshaus 1999, S. 152-160.) drei Ebenen formuliert, auf denen dieser Satz zu verstehen ist. Die erste Ebene ist ein Plädoyer Jesu für die Kinder! Sie gehören hinein in den Tempel! Gott möchte sie nicht nur in seinem Haus haben, sondern auch hören! Nicht nur die Disziplin der gelehrten Erwachsenen dient zum Lob Gottes und hat in seinen Augen einen Wert, sondern auch die ungebrochene Spontaneität der Kinder! Nicht nur – wohlgemerkt: nicht <u>nur</u>! – an den wohlgesetzten Worten der Großen, sondern auch am Singen und Spielen der Kleinen hat er Gefallen! Ein Tempel, der die Kinder außen vorhält, durch strenge Regeln, langatmige Gebete, schwerverständliche Lektionen – dem fehlt etwas Wesentliches. Ihm fehlen nämlich die Stimmen der Kinder, aus denen sich Gott ein Lob bereitet. (Sie ahnen schon, was das programmatisch heißt für eine christliche Gemeinde im 21. Jahrhundert – und ich muss Ihnen als Luther-Gemeinde Plauen in diesem Zusammenhang ein großes Kompliment machen: als ich vor 14 Tagen zum Verabschiedungsgottesdienst von Pfr. Kühnert hier war, war ich begeistert von dem Altersdurchschnitt der Gottesdienstbesucher und vor allem davon, wie viele Kinderwagen ich in den Gängen gesehen habe!) Um keine Missverständnisse aufkommen zu lassen: es geht nicht um ein Entweder – Oder, es geht nicht darum, Kindern die Priorität zu geben zu Lasten älterer Menschen, sondern es geht um das gemeinsame Entdecken des Schatzes, den wir haben als Gemeinde in jedem Lebensalter!

Jesu Antwort kann man auch auf einer anderen Ebene verstehen, nämlich als eine eindeutige Bestätigung dessen, was die Kinder rufen! Ich sage, euch: Was die Kinder rufen, ist wahr! Jesus ist es wirklich! Der langersehnte und langerwartete Messias. Und Kinder plaudern es aus! So wie sie manchmal gar nicht anders können, als die Wahrheit zu sagen. Auch wenn es ihnen vielleicht gar nicht bewusst ist. Sie stehlen damit den Hohenpriestern die Show, die glauben, ewige Wahrheiten zu hüten! Die Kinder sind diesen Wahrheiten viel näher – und Gott freut sich darüber! Jeder von uns, der sich ein Stückweit einen Kinderglauben bewahrt hat, weiß, dass man sich dem Ewigen nicht in wohlgesetzten Worten und liturgisch einwandfreien Gebeten nähern muß – sondern dass Glaube auch aus dem Bauch heraus funktioniert, so wie damals bei den Kindern in Jerusalem: Sie wussten nicht, was sie tun – aber in diesem Moment haben sie das getan, was jeder Gläubige hätte tun müssen: sie haben dem Sohn Gottes zugejubelt und ihn als Herrn über Israel und als Herrn über das eigene Leben bekannt.

Und schließlich die dritte Ebene, auf der wir die Antwort verstehen können – es ist die Ebene des Sonntags Kantate: Dem übermütigen Krakeelen der Kinder lauscht Jesus das Lob Gottes ab, das Hosianna der Jesus-Fans im Tempel wird zum Prototyp des Kirchenliedes. Mehr noch: Selbst das ahnungslose Lallen und Brabbeln der Säuglinge wird in Gottes Ohren zum Lobgesang. Was alles noch? Auch die unartikulierten Laute eines Behinderten? Auch das Johlen eines Fußballfans? Das Zwitschern der Vögel? Möglich! Warum nicht? Dann auch das Jaulen der Hunde? Das Rauschen der Bäume? Das stoßweise Atmen eines Sterbenden? All das sind authentische Äußerungen des Lebens, eines Lebens, das uns geschenkt wurde vom Schöpfer. Und wo sich dieses Leben äußert, wo es sich bewegt und artikuliert, wo es eben lebt, da lobt es den Schöpfer. Wie auch immer.

In allem was singt, spielt, summt, brummt, pfeift, zwitschert, raunt und rauscht schwingt etwas mit, dem Gott ein Lob zu seiner Ehre abzulauschen vermag. Diese selbstvergessene Art, Gott zu loben, ist in unserer Gesellschaft – auch unter uns Christen – dünn geworden. Wer singt schon noch selbst, mit eigener Stimme, aus eigenem Antrieb, für sich? Aus Lautsprechern, Boxen, Kopfhörern dröhnt uns unablässig fremder Gesang entgegen. Beim Autofahren. Beim Einkaufen. Bei der Küchenarbeit. Er zerstört die Melodien, die wir selbst im Ohr, im Sinn haben. Wir gönnen uns die Stille nicht, in der unsere eigenen Melodien wachsen könnten, in der sich eigener Gesang wieder entfalten könnte. So kommen wir selbst zu kurz. Und so kommt Gott zu kurz, der sich ein Lob bereiten will aus unseren Stimmen.

Liebe Gemeinde, wohin geht die Kirche in den nächsten Jahrzehnten? Was ist ihre eigentliche Aufgabe? Bei aller notwendigen ernsthaften Beschäftigung mit diesen Fragen – vielleicht ist die Antwort viel einfacher als all unsere Zukunftsprognosen und Planspiele: Kantate! Singt! In guteinstudierten Darbietungen, ja. Aber ebenso in euren unfertigen und dilettantischen Liedern. Summt. Pfeift. Stimmt ein in den unwillkürlichen Gesang der ganzen Kreatur. Lebt. Ungebrochen und spontan. Das alles zum Lob Gottes – wie damals im Tempel die Kinder von Jerusalem: Hosianna dem Sohn Davids. Amen.

Ist die Familie heilig?

Zwischen Vorläufigkeit und Endgültigkeit. 2007.

Lukas 14, 25-33

(25) Es ging aber eine große Menge mit ihm; und er wandte sich um und sprach
zu ihnen: **(26)** Wenn jemand zu mir kommt und hasst nicht seinen Vater, Mutter,
Frau, Kinder, Brüder, Schwestern und dazu sich selbst, der kann nicht mein Jün-
ger sein. **(27)** Und wer nicht sein Kreuz trägt und mir nachfolgt, der kann nicht
mein Jünger sein. **(28)** Denn wer ist unter euch, der einen Turm bauen will und
setzt sich nicht zuvor hin und überschlägt die Kosten, ob er genug habe, um es
auszuführen, **(29)** damit nicht, wenn er den Grund gelegt hat und kann's nicht
ausführen, alle, die es sehen, anfangen, über ihn zu spotten, **(30)** und sagen:
Dieser Mensch hat angefangen zu bauen und kann's nicht ausführen? **(31)** Oder
welcher König will sich auf einen Krieg einlassen gegen einen andern König und
setzt sich nicht zuvor hin und hält Rat, ob er mit zehntausend dem begegnen
kann, der über ihn kommt mit zwanzigtausend? **(32)** Wenn nicht, so schickt er
eine Gesandtschaft, solange jener noch fern ist, und bittet um Frieden. **(33)** So
auch jeder unter euch, der sich nicht lossagt von allem, was er hat, der kann nicht
mein Jünger sein.

Liebe Gemeinde,

vor 2 Wochen haben wir hier an dieser Stelle den Gottesdienst gefeiert, in dem Pfrn. Franke verabschiedet wurde – ich erinnere mich an eine volle Kirche – und solche Erinnerungen sind immer schön! Offenbar zieht es uns zu den Fixpunkten im Leben. Zu den Daten, die in den Chroniken stehen werden, die uns selber wohl überdauern. Wendepunkte, an denen sich etwas verändert, ziehen uns an. Wir sind dabei gewesen.

Dabei spielt es gar keine Rolle, dass dieser Gottesdienst gar nicht ihr letzter war, letzten Sonntag war es auch noch einmal schön mit etlichen Taufen und ebenfalls einer großen gottesdienstlichen Gemeinde. Und sie kommt ja sicher immer mal wieder nach Reichenbach – und sicher auch, um einen Gottesdienst zu halten. Aber wir Menschen brauchen es, Daten festzulegen, an die wir uns später erinnern: damals war's!

Ein Abschied, und auch das scheint mir ganz menschlich, bringt immer auch mit sich, dass man eine Phase durchlebt, in der man trauert. Alles ist im Fluss, nicht aufzuhalten, was hat eigentlich noch Bestand? Wir erleben diese Umbrüche ja nicht nur in unseren Gemeinden, wir erleben sie genauso in unserer Gesellschaft – bis hinein in die Familien. Und dies verstärkt unser Gefühl der Hilflosigkeit noch, das sich manchmal breitmachen will: Wo sind die Sicherheiten? Worauf kann ich mich eigentlich noch verlassen? In dieser Phase läuft man Gefahr, diesem Gefühl so viel Raum zu geben, dass man hinter dem Umbruch die Chance zum Neubeginn, zum neuen Aufbruch nur noch verschwommen wahrnimmt.

Eine Möglichkeit, diese Trauer-Phase, die zugelassen werden muss, die wichtig ist, zu überwinden, besteht in der Beobachtung und in der Akzeptanz, dass dieses Leben hier auf dieser Erde mit all seinen Bestandteilen – und dazu gehören auch unsere Gemeinden – in den Bereich des Vorläufigen hinein gehören. Nichts ist endgültig, was wir sind, haben und tun. Alles ist dem Wandel und der Vergänglichkeit unterworfen. Bestand hat einzig der allmächtige Gott und sein Reich. Gott hat uns versprochen, dass wir an diesem Reich Anteil haben, wenn wir die Vorläufigkeit unseres Lebens hier anerkennen. Dies bedeutet nicht, dass wir das Leben hier als wertlos erachten oder es ablehnen sollen. Im Gegenteil, wir sollen es gestalten, gut gestalten – aber immer im Blick auf die einzige Endgültigkeit bei Gott.

Damit sind wir ganz nah am Predigttext. Jesus benennt ein paar Kriterien, die es offenbar unmöglich machen, sein Jünger zu sein. Und was wir da um die Ohren geschlagen bekommen, das erstaunt nicht nur, das macht sogar wütend! Wer nicht hasst seinen Vater, Mutter, Frau, Kinder, Brüder, Schwestern und dazu sein eigenes Leben, der kann nicht mein Jünger sein! Oder: Wer nicht absagt allem, was er hat, der kann nicht mein Jünger sein! Ja, wir möchten gern seine Jünger sein, aber wir lieben auch unsere Familie! Spröde und gar nicht so liebenswert kommt uns Jesus hier entgegen, wie so manchmal in der Bibel. Und wir laufen Gefahr, uns diesen Worten gar nicht erst auszusetzen, die Seite wegzublättern und lieber eine andere aufzuschlagen – Gott sei Dank, er hat ja auch noch anderes gesagt: Du sollst deinen Nächsten lieben wie dich selbst z.B., ja, das ist ein Satz, bei dem wir gerne länger verweilen.

Heute aber nicht, denn heute ist uns nun mal dieses sperrige Wort aufgegeben – und wir werden uns dem nicht entziehen. Ich werde versuchen, es anhand des Familienbeispiels zu erläutern.

Wer nicht hasst seinen Vater, Mutter, Frau (oder Mann), Kinder usw. – Kann man das überhaupt? Müssen wir das wirklich tun, um Jesus nachzufolgen? Müssen wir z.B. nicht Rücksicht nehmen auf Bindungen, in denen wir leben? Ist Jesus vielleicht familienfeindlich? Predigt er, den wir als den Begründer der abendländisch christlichen Wertewelt anzusehen gewohnt sind, die Verantwortungslosigkeit und den Hass?

Bevor ich einen Antwortversuch mache, lohnt sich eine Bestandsaufnahme zum Thema Familie in unserer Zeit.

Eins ist klar, die Familie steht hoch im Kurs bei uns, ein harmonisches Familienleben wünschen wir uns. Wenn jemand an den Grundfesten der Familie auch nur zu kratzen scheint, gehen sofort die Wogen der Empörung hoch. Und doch weiß jeder: Die traditionellen Strukturen der Familie zerbröckeln gegenwärtig, und sie zerbröckeln gewaltig! Die Großfamilie, die alle unter einem Dach vereint, gehört schon lange einer vergangenen Zeit an. Und die Kleinfamilie, die Bilderbuchfamilie, die aus Vater, Mutter und zwei Kindern besteht und ein Leben lang hält, steckt – wenn wir ehrlich sind – lediglich als Ideal in unseren Köpfen. Wem von Ihnen fallen auf Anhieb auch nur 10 solcher Bilderbuchfamilien in Ihrem eigenen Umfeld ein? Die Lebenswirklichkeit einer wachsenden Zahl von Menschen sieht heute längst anders aus. Es gibt immer mehr Singles, Alleinlebende der jüngeren und mittleren Generation, und vor allem ältere Menschen, verwitwete Frauen und Männer, getrennt und geschieden Lebende. Es gibt immer mehr Alleinerziehende, vor allem Frauen, geschiedene Mütter und auch ledige. Es gibt immer mehr nichteheliche Gemeinschaften, meist ohne, aber zunehmend auch mit Kindern. Und es gibt immer mehr sogenannte Patchwork-Familien, zusammengewürfelte Familien, die sich nach dem Muster „meine Kinder, deine Kinder, unsere Kinder“ zusammensetzen.

Und trotzdem sagt man, die Familie ist heilig!

Nein, sagt Jesus, das ist sie nicht! Es gibt noch etwas anderes, es gibt mehr, es gibt Größeres, Wichtigeres! Es gibt das Gottesreich. Und einzig und allein der ist heilig, der dieses Reich und seine mächtigen Kräfte, um deren Kommen wir in jedem Gottesdienst bitten, unter uns aufleben lässt.

Das ist radikal und konsequent. Das ist sicher nicht familienfeindlich, aber das ist realistisch! Realistisch in dem Sinn, dass es der Realität des Gottesreiches mehr zutraut als der Realität menschlicher Lebensstile. Was Jesus will, das weitet unseren Blick erheblich. Und wir merken auf einmal: Du sollst natürlich keinen Hass haben auf deine Angehörigen! Hassen sollst Du vielleicht deine Einstellung, sie zum Götzen zu machen. Sie anzubeten, sie absolut zu setzen und damit an die Stelle Gottes! Von ihnen mehr zu erwarten, als sie zu leisten imstande sind als Teil dieser vorläufigen Welt – und dann bitter enttäuscht zu werden! Du sollst wissen: die Familie, und auch jede andere Lebensform, in der wir Menschen unseren Umgang miteinander gestalten, das ist eine sehr zwiespältige Einrichtung! Das ist ein kleines Reich für sich, manchmal gesucht und manchmal gemieden. Die ordentliche Familie, die kaputte Familie, beides kennen wir und manchmal gibt es beides zugleich in derselben Familie. Unsere Familien, aber auch Lebensgemeinschaften anderer Art, sie können Geborgenheit und Wärme geben, und sie können Menschen fertig machen. In beidem gehören sie zur Vorläufigkeit dieser Welt, zu dem vergehenden Äon. Sie verblassen angesichts der kommenden Welt Gottes, so wie du und ich eines Tages verblassen werden. Sie mögen wichtig sein für Menschen, eine Zeitlang wenigstens, und deshalb muß man sie zu ihrer Zeit auch achten, so wie du wichtig bist und ich wichtig bin eine Zeitlang und so wie wir einander achten müssen. Aber man muß Gott und seinem Reich mehr gehorchen als den Menschen und ihren Reichen. Er ist nicht nur eine Zeitlang, sondern immer und ewig! Und sein Reich ist ein unvergängliches Reich. Nach seinem Reich, das will Jesus, sollen wir uns ausstrecken!

Was heißt das jetzt übertragen auf unsere Gemeinde? Auch sie ist eine Einrichtung dieser Welt mit all ihrer Vorläufigkeit. Aber sie hat einen großen Vorteil gegenüber anderen Einrichtungen dieser Welt: Sie weiß vom kommenden Reich Gottes, predigt und verkündet es. Das lässt sie gelassener mit den Stürmen umgehen, die ihr hier manchmal um die Nase wehen. Das lässt sie Strukturreformen ihren Platz zuweisen, der ihnen gebührt: einen Platz in der Vorläufigkeit dieser Welt. Und das lässt sie neue Aufbrüche wagen. Mit frohem Mut, aber natürlich auch mit der gebotenen Nüchternheit. Setzt euch zuvor hin und überschlagt die Kosten, ob ihr genug habt, es hinauszuführen. Auch das sagt Jesus.

Beides möchte ich mit Ihnen gern tun: Den Aufbruch wagen in eine neue Zeit, in der sicher das eine oder andere anders sein wird als früher – aber in der Sie auch viel Vertrautes wieder finden werden. Und nüchtern und vernünftig miteinander reden, im Kirchenvorstand und in den Gemeindegruppen – dem Aufbau der Gemeinde dienen, ohne sie absolut zu setzen – immer in dem Wissen darum, dass alles letztlich dem kommenden Reich Gottes zu dienen hat.

Das ist das Wichtigste: Trachtet zuerst nach dem Reich Gottes. Dann wird euch von ihm alles andere hinzugefügt: Dann dürfen wir uns auch unsere Vorläufigkeit schön gestalten und sie als Geschenk annehmen. Dann dürfen wir auch glücklich sein in unseren Familien oder wie auch immer wir unser Miteinander definieren – selbst und für den anderen. Und dann dürfen wir alle gemeinsam eine fröhliche und eine Gottes Reich verkündigende Gemeinde sein.

Vater und Sohn

Vereinigung zweier Kirchgemeinden. 2011.

Lukas 15, 11 - 32

(11) Er sprach aber: Ein Mensch hatte zwei Söhne, **(12)** und der jüngere von
ihnen sprach zu dem Vater: Vater, gib mir den Teil des Vermögens, der mir zufällt.

Und er teilte ihnen die Habe. **(13)** Und nach nicht vielen Tagen brachte der jüngere Sohn alles zusammen und reiste weg in ein fernes Land, und dort vergeudete er sein Vermögen, indem er verschwenderisch lebte. **(14)** Als er aber alles verzehrt hatte, kam eine gewaltige Hungersnot über jenes Land, und er selbst fing an, Mangel zu leiden. **(15)** Und er ging hin und hängte sich an einen der Bürger jenes Landes, der schickte ihn auf seine Äcker, Schweine zu hüten. **(16)** Und er begehrte seinen Bauch zu füllen mit den Schoten, die die Schweine fraßen; und niemand gab ihm. **(17)** Als er aber in sich ging, sprach er: Wie viele Tagelöhner meines Vaters haben Überfluß an Brot, ich aber komme hier um vor Hunger. **(18)** Ich will mich aufmachen und zu meinem Vater gehen und will zu ihm sagen: Vater, ich habe gesündigt gegen den Himmel und vor dir, **(19)** ich bin nicht mehr würdig, dein Sohn zu heißen, mach mich wie einen deiner Tagelöhner. **(20)** Und er machte sich auf und ging zu seinem Vater. Als er aber noch fern war, sah ihn sein Vater und wurde innerlich bewegt und lief hin und fiel ihm um seinen Hals und küßte ihn zärtlich. **(21)** Der Sohn aber sprach zu ihm: Vater, ich habe gesündigt gegen den Himmel und vor dir, ich bin nicht mehr würdig, dein Sohn zu heißen. **(22)** Der Vater aber sprach zu seinen Sklaven: Bringt das beste Kleid her und zieht es ihm an und tut einen Ring an seine Hand und Sandalen an seine Füße; **(23)** und bringt das gemästete Kalb her und schlachtet es, und laßt uns essen und fröhlich sein! **(24)** Denn dieser mein Sohn war tot und ist wieder lebendig geworden, war verloren und ist gefunden worden. Und sie fingen an, fröhlich zu sein. **(25)** Sein älterer Sohn aber war auf dem Feld; und als er kam und sich dem Haus näherte, hörte er Musik und Reigen. **(26)** Und er rief einen der Sklaven herbei und erkundigte sich, was das wäre. **(27)** Der aber sprach zu ihm: Dein Bruder ist gekommen, und dein Vater hat das gemästete Kalb geschlachtet, weil er ihn gesund wiedererhalten hat. **(28)** Er aber wurde zornig und wollte nicht hineingehen. Sein Vater aber ging hinaus und redete ihm zu. **(29)** Er aber antwortete und sprach zu dem Vater: Siehe, so viele Jahre diene ich dir, und niemals habe ich ein Gebot von dir übertreten; und mir hast du niemals ein Böckchen gegeben, daß ich mit meinen Freunden fröhlich wäre; **(30)** da aber dieser dein Sohn gekommen ist, der deine Habe mit Huren durchgebracht hat, hast du ihm das gemästete Kalb geschlachtet. **(31)** Er aber sprach zu ihm: Kind, du bist allezeit bei mir, und alles, was mein ist, ist dein. **(32)** Es geziemte sich aber, fröhlich zu sein und sich zu freuen; denn dieser dein Bruder war tot und ist wieder lebendig geworden und verloren und ist gefunden worden.

Liebe Schwestern und Brüder der neuen Kirchgemeinde Reichenbach, liebe Gäste aus der Ephorie, dem Schwesterkirchverhältnis und der Ökumene,

an diesem ersten Sonntag im neuen Jahr, an dem wir die Vereinigung der beiden Reichenbacher Kirchgemeinden feiern, habe ich einen Predigttext herausgesucht, der vielen bekannt sein sollte. Das Gleichnis vom verlorenen Sohn – ich möchte versuchen, es heute einmal ganz anders als üblich auszulegen und zu erspüren, wo in diesem Bibelabschnitt das Wort Gottes im Blick auf den hinter uns liegenden Vereinigungsprozess redet und ob es möglicherweise uns Hinweise geben kann auf die gemeinsame Gestaltung kirchlichen Lebens in unserer Stadt in der Zukunft.

Es soll heute also nicht um den jüngeren Sohn gehen, um den verlorenen, der wiedergefunden wurde. Dieser Aspekt der Geschichte würde dem Anlass nicht gerecht werden, denn bei der Vereinigung der Reichenbacher Kirchgemeinden geht es ja nicht darum, dass eine der beiden Gemeinden etwa verloren war und nun wiedergefunden worden wäre. Im Gegenteil: hier haben sich zwei Gemeinden auf Augenhöhe gefunden. Das ist mir ein ganz wichtiges Stichwort: Niemals in dem Vereinigungsprozess spielte der Gedanke eine Rolle, dass eine der beiden Gemeinden etwa abgewickelt worden wäre und nun von der anderen aufgekauft würde. Und schon gar nicht hat sich etwa eine der beiden Gemeinden soweit vom Vaterhaus, also vom Bekenntnis entfernt, dass sie nun wie der jüngere Sohn reumütig zurückkehren müsste. Im Gegenteil: Aufrecht, selbstbewusst und selbstbestimmt sind die Gemeinden diesen Weg gegangen.

Dieser Aspekt der Geschichte ist es also nicht, der mir im Blick auf den Vereinigungsprozess aufgefallen wäre. Es gibt in der Geschichte aber noch zwei andere Charaktere, die beim näheren Hinsehen durchaus etwas mit unserer jüngsten Geschichte zu tun haben. Es geht mir um den Vater einerseits und andererseits um den älteren Sohn, den Sohn also, der die ganze Zeit beim Vater geblieben ist. Die beiden reagieren auf die Rückkehr des jüngeren Sohnes höchst unterschiedlich. Der Vater freut sich uneingeschränkt und richtet ein Fest aus; der ältere Sohn sieht sich durch diese neue Situation eher bedroht.

Was ist passiert? Durch die Heimkehr des jüngeren Sohnes, der jahrelang weg war, entsteht eine neue Situation, die grundlegend anders ist. Man hatte sich eingerichtet in der Familie, ohne den jüngeren Sohn. Die Aufgaben waren verteilt, jeder wusste, was er zu tun hatte. Da war eine Zufriedenheit da, ein Heimatgefühl. Man fühlte sich wohl, war glücklich und wollte an dieser Situation im Grunde nichts ändern. Man hätte auch nichts ändern müssen, der Familie ging es gut, die Schilderungen des Bibeltextes lassen daran denken, dass die Familie reich war, sie hatten etliche Bedienstete und jede Menge Vieh. Man hätte sicher gar nichts ändern wollen, hätte es da nicht plötzlich dieses von außen in die Familie eingetretene Ereignis in Gestalt des zurückgekommenen Sohnes gegeben, das das Leben von heute auf morgen änderte. Auf einmal müssen die Aufgaben neu verteilt werden, das, was bisher so klar geregelt war, dass man sich unter diesen

Regeln wohlfühlen konnte, wird auf einmal in Frage gestellt. Vielleicht muss auch das, was bisher zu verteilen war, jetzt mit einem Weiteren geteilt werden, auch dieses Gefühl kann zu Verlustängsten führen.

Diese Situationen kennen wir, es gibt wohl kaum ein Leben, in dem es nicht einige Male passiert, dass man durch ein von außen auftretendes Ereignis quasi aus der gewohnten Bahn gerissen wird. Das kann der Tod eines Familienmitglieds sein, das können plötzliche berufliche Veränderungen sein, jeder kennt solche Situationen. Doch es ist höchst unterschiedlich, wie wir Menschen darauf reagieren. So unterschiedlich, wie es an den Reaktionen des Vaters und des älteren Sohnes ablesbar ist.

Der ältere Sohn fühlt sich bedroht. Es geht ihm gar nicht so sehr um das Teilenmüssen von Gütern, davon sind reichlich da, das weiß er auch. Er hat Angst, dass er jetzt etwas teilen muss, was er in den letzten Jahren für sich allein hatte: die Zuwendung des Vaters. Und das ist für ihn ein dejavu-Erlebnis, das gab es schon einmal, als der jüngere Sohn geboren wurde. Jeder von uns, der mehrere Kinder hat oder selbst unter Geschwistern aufgewachsen ist, weiß, wie problematisch dieses Teilenmüssen von Zuwendung manchmal sein kann. Der Vorwurf des älteren Sohnes: „Du hast mir nie einen Bock gegeben“, passt genau in diesen Kontext.

Diese Bedrohung, die der ältere Sohn fühlt, verschließt ihm die Augen vor den Möglichkeiten, die das Leben unter den veränderten Bedingungen ja immer noch bietet. Sein Gefühl zwingt ihn dazu, zurück zu schauen, die Vergangenheit zu glorifizieren: es war doch alles gut, warum etwas ändern? Jede Veränderung kann nur eine Veränderung zum Schlechteren sein, wenn doch alles gut war!

Ähnliche Gefühle habe ich auch im Vereinigungsprozess der letzten Jahre gesehen. Wir hatten uns eingerichtet. Jeder wusste um seine Aufgaben. Wenn wir jetzt etwas verändern, dann verlieren wir nur. Ich möchte nicht falsch verstanden werden: ich kritisiere diese Haltung nicht, im Gegenteil, ich halte sie für zutiefst menschlich, aber ich wünschte mir, dass sie überwunden würde, so wie ich dem älteren Sohn aus dem Gleichnis wünschte, dass er seine Haltung überwindet, heraus kommt aus der Gefangenschaft, in die seine Gefühle ihn gebracht haben. Und dieses Überwinden ist möglich. Aber schauen wir uns zunächst den Vater an.

Auch für den Vater ist die Situation neu. Auch für ihn gibt es nach der Rückkehr des jüngeren Sohnes jede Menge Veränderungen. Das Leben im Haus muss sicher komplett neu geregelt werden, und wie sich alles einspielen wird, kann man unmöglich voraussagen. Von manchem Gewohnten wird man sich wohl auch verabschieden müssen, manchmal wird dies auch schmerzlich sein und einen Trauerprozess erfordern. Das weiß der Vater. Aber es hält ihn nicht fest. Er bleibt nicht stehen bei der Betrachtung der Abbrüche, die es in der Veränderung zwangsläufig auch gibt, um sich dann resignierend umzudrehen und in der Vergangenheit zu leben. Nein, er sieht die Chance, die jede, wirklich jede Veränderung mit sich bringt, die Chance des Neubeginns, die Chance des Aufbruchs.

Und auch diese Gefühle habe ich bei uns gefunden. Menschen, die sagten: Ja, lasst uns in dieser glaubensärmer gewordenen Zeit in unserer Stadt mit einer Stimme sprechen, uns nicht verzetteln in Doppelstrukturen, die uns nur davon abhalten, unseren eigentlichen Auftrag in den Blick zu nehmen, lasst uns einfach diesen Weg gehen im Vertrauen darauf, dass sich Türen öffnen werden, die wir jetzt vielleicht noch gar nicht wahrnehmen.

Die Fähigkeit, in der Veränderung die Chance des Neubeginns, der Neuorientierung zu sehen, das ist die Fähigkeit des Vaters. Er freut sich so sehr an dieser Chance, dass er feiert. Er richtet ein Fest aus. Diese Fähigkeit wohnt nicht allen Menschen inne, wie wir auch am Beispiel des älteren Sohnes gesehen haben, aber alle Menschen können auf diesen Weg mitgenommen werden. Der Vater möchte gern seinen älteren Sohn dabeihaben beim Fest, er möchte ihn dabeihaben bei der Gestaltung der Zukunft, er möchte, dass er freudig mitarbeitet, mitgestaltet. Ebenso gern möchte ich alle diejenigen, die heute vielleicht noch trauern, einladen, einen Blick auf eine offene, helle und weite Zukunft zu wagen, die jeden Einzelnen braucht, um Gemeinde zu bauen und das Reich Gottes in dieser Welt zu bezeugen.

Der Vater nimmt den ältesten Sohn mit einem Satz mit. Er lädt ihn ein, ermutigt ihn, inspiriert ihn, seine freudig erwartende und auf Zukunft hoffende Sichtweise auszuprobieren, indem er sagt: Du bist allezeit bei mir. Was mein ist, ist auch dein.

Er weist ihn damit auf ihren gemeinsamen Reichtum hin. Sie haben genug. Alles, was sie zum Leben brauchen. Die jetzt eingetretene Veränderung tut dieser Tatsache keinen Abbruch. Es gilt, anzufangen und das gemeinsame Leben unter den veränderten Bedingungen zu gestalten. Wenn man das verpasst, läuft man Gefahr, in einer Früher-war-alles-besser-Haltung stecken zu bleiben, die keinen gestalterischen Raum mehr kennt.

Auch wir als Gemeinde sind reich. Nun vielleicht nicht, was die finanziellen Möglichkeiten angeht. Vielleicht sind wir nicht so reich, wie die Welt heute Reichtum beschreibt. Unser Reichtum ist anderer Natur. Unser Reichtum ist das Wort Gottes. Mit dem Evangelium haben wir genug. Alles, was wir zum Leben brauchen. Und für allen anderen Reichtum, nach dem man sich manchmal sehnen mag, gilt:

Lass dir an meiner Gnade genügen, denn meine Kraft ist in den Schwachen mächtig. Ein ungeheuer kraftvoller, aufbrechender Satz ist das! Er wendet sich gegen jede Verzagtheit, die uns manchmal im Blick auf unsere Zahlen befallen will. Unser Reichtum steckt in den Möglichkeiten, die wir von Gott her haben, die uns dazu befähigen, unter welchen äußeren Bedingungen auch immer, seine Gemeinde zu sein, sein Reich zu mehren unter den Menschen.

Ich wünsche der neuen Kirchgemeinde Reichenbach, dass sie das aufnimmt. Dass sie in Dankbarkeit zurückschaut und dann mit der Energie ihres Reichtums nach vorn schreitet. Ich bin gespannt, welche Ideen wir in der Zukunft gemeinsam dafür entwickeln. Und ich bin überzeugt davon, dass Gott uns die dafür nötige Phantasie schenken wird.

Die Voraussetzung, die wir dafür brauchen, ist die Haltung des Vaters. Von der Zukunft und der Führung durch den Heiligen Geist alles zu erwarten, offen zu sein für Aufbrüche und Neuanfänge. Ich einem Brief des ehemaligen Superintendenten Thomas Küttler, der bekanntermaßen kein Freund von Vereinigungen von Kirchgemeinden ist, habe ich genau diese Haltung gefunden und wünsche uns allen, dass wir zu dieser Haltung finden:

„Meine herzlichen Segenswünsche begleiten Sie bei dieser Vereinigung. Ich bin nie ein Freund der Zusammenlegung von Gemeinden als kirchlichem Strukturprinzip gewesen. Je mehr lebendige Kirchgemeinden wir haben, umso mehr Menschen sind in der Regel am inneren Wachstum der Gemeinde Jesu beteiligt. Aber es gibt auch Umstände, die solch eine Vereinigung nahe legen und sinnvoll erscheinen lassen. Das ist auf dem Hintergrund der Reichenbacher Kirchengeschichte und der Notwendigkeit heutigen Zeugendienstes in einer weitgehend glaubenslos gewordenen Stadt der Fall. Deshalb freue ich mich, dass Sie zusammengefunden haben und hoffe, ja bin mir gewiss, dass sich daraus ein Aufschwung Ihres Gemeindelebens ergibt. Gott segne Sie!

Amen.

Erschallet, ihr Lieder, erklinget, ihr Saiten

Bachkantate 174. 2011.

Johannes 14, 23

(23) Wer mich liebt, der wird mein Wort halten; und mein Vater wird ihn lieben, und wir werden zu ihm kommen und Wohnung bei ihm nehmen.

Liebe Gemeinde,

was wir vorhin als Evangeliumslesung gehört haben, stammt aus den sogenannten Abschiedsreden Jesu, die einen großen Teil des Johannesevangeliums einnehmen. Es ist der Text, der uns als Evangelium des Pfingstfestes bekannt ist – und damit ein Text, den Sie in 3 Wochen schon wieder hören werden. Die heutige Aufführung der Bachkantate Nr. 174 ist der Grund dafür, denn diese Kantate wurde von Bach für das Pfingstfest 1714 komponiert.

Vielleicht konnte man meinen, wenn es sich um eine Abschiedsrede handelt, dann ist die Grundstimmung eher eine traurige. Jemand geht, nimmt Abschied, kommt nicht wieder – aber bereits der Eingangschor der Kantate hat keinen Zweifel daran gelassen: Hier geht es um etwas Fröhliches, Freudiges, ja, geradezu um etwas Festliches! Wie geht das zusammen? Eine fröhliche Abschiedsrede?

Ja, das ist es! Denn Jesus geht nicht wort- und grußlos, es ist nicht aus und vorbei, wenn er nicht mehr sichtbar unter uns ist, sondern er hat für uns gesorgt. Er hat so für uns gesorgt, dass wir „ausgesorgt" haben. Ich meine damit: mehr kann man nicht für einen Menschen sorgen, wie Jesus für uns gesorgt hat. Was hat er getan: Er hat gesagt: Ich will den Vater bitten, und er wird euch einen anderen Tröster geben, dass er bei euch sei in Ewigkeit. Den Menschen, die ihn lieben, verheißt er etwas ganz Besonderes. Einen Tröster. Also doch erst einmal traurig, wenn wir einen zum Trösten brauchen? Das Wort "Tröster" an dieser Stelle ist eine etwas unglückliche Übersetzung. Im Griechischen steht hier "Paraklet", das heißt wörtlich übersetzt "der Herbeigerufene", und eigentlich wird so ein Anwalt bezeichnet. Also, wenn du vor Gericht stehst und alle sind gegen dich, der Staatsanwalt versucht, dich ins Gefängnis zu bringen und da sind Zeugen, die gegen dich aussagen werden, aber da ist ein Mensch im Raum, auf den du dich verlassen kannst, dein Anwalt, dein "Paraklet", den du dir herbeigerufen hast. Das ist hier gemeint, einer, der hinter dir steht - wie auch immer man sich den jetzt vorstellen muss. Seine Aufgabe ist zunächst einmal: da sein. Das ist das Wesen des Trösters, des Beistands, des Anwalts – des Heiligen Geistes, für den dies alles nur unvollkommene menschliche Versuche sind, sein Wesen zu beschreiben: er ist da. Vielleicht muss ich gar nicht mehr wissen, als: er ist da!

Wo ist er? In uns! Jesus hat dies versprochen und sich dafür verbürgt: Er, der Heilige Geist wohnt in uns! Und das ist es, was Bach und seinen Textdichter Salomon Franck zu diesen Jubelstürmen hinreißt, zu denen wohl nur der frühe Pietismus mit seiner mystisch-gefühlsbetonten Grundhaltung fähig ist. O seligste Zeiten!, heißt es im Eingangschor, Gott will sich die Seelen zu Tempeln bereiten. Natürlich! Wenn der Heilige Geist in uns wohnt, dann wohnt Gott in uns! Dann wird unsere Seele zum Tempel. Auf einmal ist sie keine windschiefe Hütte mehr, unsere Seele, keine Fabrik, kein Gefängnis, keine Krankenstation, nein, sie ist ein Tempel! Ein wunderschöner, golden im Sonnenlicht strahlender Tempel! Und nur die Musik schafft es, die Gefühle angesichts dieses Wunders wenigstens annähernd angemessen zu beschreiben: Erschallet, ihr Lieder, erklinget, ihr Saiten!

Im Rezitativ, das auf den Eingangschor folgt, wird ein Vers aus dem Bibeltext herausgegriffen. Das ist der zentrale Satz, der der Kantate sein Thema gibt: Das Einziehen Gottes bei uns. Sein Wohnung-Nehmen in uns. Und das passiert jedem, der Jesus liebhat. Und woran merkt man das? Ganz einfach: Wer Jesus liebt, der wird auch sein Wort halten.

Das ist eine Feststellung, keine Erpressung! Man findet das manchmal in so merkwürdigen Beziehungen, dass die Liebe als Druckmittel eingesetzt wird: "Wenn du mich liebst, dann musst du deine Arbeit aufgeben“, oder was auch immer. Aber das hat wenig mit Liebe zu tun, denn Liebe schenkt und setzt nicht unter Druck.

Hier auch, Jesus setzt nicht unter Druck, sondern er stellt lediglich fest. Es geht um eine Feststellung: Wer Jesus liebt, der wird auch sein Wort halten. Das ist ja völlig natürlich: Das Eine hängt mit dem Anderen zusammen. Die Liebe zu Jesus ist ja kein romantisches Gefühl, sondern die Liebe zu Jesus schlägt sich nieder in unserem alltäglichen Leben. Wer ihn liebt, der möchte auch nach seinem Wort leben. Nicht aus Angst vor Strafe, sondern aus Liebe. Ich hab keine Angst vor Strafe, weil ich weiß, dass Jesus Gottes Strafe auf sich gezogen hat, aber ich <u>möchte</u> nicht tun, was er hasst – ich will es nicht.

Den Menschen, die ihn lieben, verheißt er etwas ganz Besonderes. Er sagt: "Der Vater wird dich lieben, und wir werden zu dir kommen und Wohnung bei dir machen." Und wenn einer kommt und bei mir einziehen will, dann sehe ich zu, dass ich ein bisschen Ordnung mache bei mir. Schließlich will ich ja nicht, dass er in einen Saustall kommt. Also mache ich vorher sauber. Und wenn jetzt jemand nicht wissen sollte, wie man seine Seele sauber macht: Die Anleitung dazu ist recht einfach: Mache Gottes Wort zum Maßstab deines Denkens und Handelns. So schließt sich der Kreis: Ich tue dies nicht, weil es von mir als Voraussetzung erwartet wird, sondern, weil ich es will. So wie ich nicht wegen des Gastes bei mir aufräume, sondern meinetwegen. Weil ich spüre, dass mir das guttut. Und das ist gleichzeitig auch der Maßstab für Gottes Willen. Woran spüre ich eigentlich, dass ich ihn erfülle, wie erkenne ich ihn überhaupt? Die Antwort ist: Wenn du spürst, dass dir etwas guttut, bist du relativ nahe dran an Gottes Willen mit dir, denn Gott will Gutes für dich.

Also: lass ihn einziehen. Die Arie Nr. 3 bittet darum, fleht geradezu. „Komm und lass dich doch erbitten, komm und ziehe bei uns ein!" Wer so fleht, der weiß, wenn seinem Flehen entsprochen wird, dann passiert Großartiges mit ihm. Bach setzt dieses Großartige um in der Instrumentation, indem er der Singstimme einen Trompetenchor beifügt. Die Trompete galt als <u>das</u> Instrument bei Hofe und drückt hier die Königsherrschaft Gottes aus. Es ist also ein König, der bei uns einzieht. Und, natürlich, im Vergleich mit ihm haben wir nur Hütten zu bieten. "Komm doch in die Herzenshütten, sind sie gleich gering und klein." Und wir müssen auch gar nichts anderes bieten und vorweisen. Ordnung machen, sauber machen, ja, aber keine falschen Fassaden, keine potemkinschen Dörfer bauen. Wir müssen ihm nicht etwas vorspiegeln, was gar nicht da ist, er kommt auch in die armen Hütten.

Nachdem Gott versprochen hat, bei uns einzuziehen, im Eingangschor und im Rezitativ Nr. 2, und nachdem wir in ihn der Arie Nr. 3 genau darum gebeten haben, kommt es nun in der Arie Nr. 4 und im Duett Nr. 5 zum Vollzug. Er ist auf dem Weg. Er naht sich, und das löst bei uns eine eigentümliche, vibrierende Spannung aus, so wie wir sie empfinden, wenn der Geliebte auf dem Weg zu uns ist und gleich da sein müsste. In der Arie Nr. 4, eigentlich für Tenor geschrieben, bringt die Melodie diese spannungsvolle Erwartung zum Ausdruck. Ihr Fluss stellt das schon zu spürende Wehen des göttlichen Geistes dar und der Dreiertakt erweckt den Eindruck des Gelöstseins von aller Erdenschwere. Man schwebt, so wie man nur schwebt, wenn man liebt. Und damit wird vorbereitet, was mit dem Duett Nr. 5 endgültig klar wird: Es ist eine Liebesgeschichte zwischen unserer Seele und dem Heiligen Geist. Der Einzug Gottes bei uns ist kein Einzug eines Gastes, dessen Bleiben bei uns vielleicht irgendwann zu Ende geht, nein, es ist ein Zusammenziehen von Liebenden, die gespürt haben, dass sie zusammengehören, ein Leben lang, nein, auf ewig!

Ist das nicht eine komplett neue Art, Gott zu erfahren? Sein Gegenüber als das Gegenüber eines Geliebten zu verstehen? Nein, es ist nicht komplett neu. Die Mystiker der alten Kirche wussten das schon, auch die Pietisten des 19. Jahrhunderts. Und vielleicht ist es für uns heute auch wieder ein gangbarer, verstehbarer Weg. Eine willkommene Ergänzung unserer oftmals so schweren und konstruierten Zugänge zu Gott. Der Choral Nr. 6 sagt, wie einfach es doch eigentlich ist: da ist einer, der blickt uns freundlich an, erquickt uns innerlich, nimmt uns freundlich in die Arme, dass uns warm wird. So einfach ist es, so einfach ist Gott.

Nein, Jesu Abschiedsrede ist nicht traurig, sie ist festlich-fröhlich. Wie die Reden bei einer Hochzeit. Und auf einer solchen befinden wir uns ja auch: Erschallet, ihr

Lieder, erklinget, ihr Saiten! O seligste Zeiten! Gott will sich die Seelen zu Tempeln bereiten. Amen.

Ein Christ im Urlaub

Paulus auf dem Areopag. 2011.

Apostelgeschichte 17, 16-34

(16) Als aber Paulus in Athen auf sie wartete, ergrimmte sein Geist in ihm, als er die Stadt voller Götzenbilder sah. **(17)** Und er redete zu den Juden und den Gottesfürchtigen in der Synagoge und täglich auf dem Markt zu denen, die sich einfanden. **(18)** Einige Philosophen aber, Epikureer und Stoiker, stritten mit ihm. Und einige von ihnen sprachen: Was will dieser Schwätzer sagen? Andere aber: Es sieht so aus, als wolle er fremde Götter verkündigen. Er hatte ihnen nämlich das Evangelium von Jesus und von der Auferstehung verkündigt. **(19)** Sie nahmen ihn aber mit und führten ihn auf den Areopag und sprachen: Können wir erfahren, was das für eine neue Lehre ist, die du lehrst? **(20)** Denn du bringst etwas Neues vor unsere Ohren; nun wollen wir gerne wissen, was das ist. **(21)** Alle Athener nämlich, auch die Fremden, die bei ihnen wohnten, hatten nichts anderes im Sinn, als etwas Neues zu sagen oder zu hören.**(22)** Paulus aber stand mitten auf dem Areopag und sprach: Ihr Männer von Athen, ich sehe, dass ihr die Götter in allen Stücken sehr verehrt. **(23)** Ich bin umhergegangen und habe eure Heiligtümer angesehen und fand einen Altar, auf dem stand geschrieben: Dem unbekannten Gott. Nun verkündige ich euch, was ihr unwissend verehrt. **(24)** Gott, der die Welt gemacht hat und alles, was darin ist, er, der Herr des Himmels und der Erde, wohnt nicht in Tempeln, die mit Händen gemacht sind. **(25)** Auch lässt er sich nicht von Menschenhänden dienen wie einer, der etwas nötig hätte, da er doch selber jedermann Leben und Odem und alles gibt. **(26)** Und er hat aus einem Menschen das ganze Menschengeschlecht gemacht, damit sie auf dem ganzen Erdboden wohnen, und er hat festgesetzt, wie lange sie bestehen und in welchen Grenzen sie wohnen sollen, **(27)** damit sie Gott suchen sollen, ob sie ihn wohl fühlen und finden könnten; und fürwahr, er ist nicht ferne von einem jeden unter uns. **(28)** Denn in ihm leben, weben und sind wir; wie auch einige Dichter bei euch gesagt haben: Wir sind seines Geschlechts. **(29)** Da wir nun göttlichen Geschlechts sind, sollen wir nicht meinen, die Gottheit sei gleich den goldenen, silbernen und steinernen Bildern, durch menschliche Kunst und Gedanken gemacht. **(30)** Zwar hat Gott über die Zeit der Unwissenheit hinweggesehen; nun aber gebietet er den Menschen, dass alle an allen Enden Buße tun. **(31)** Denn er hat einen Tag festgesetzt, an dem er den Erdkreis richten will mit Gerechtigkeit durch einen Mann, den er dazu bestimmt hat, und hat jedermann den Glauben angeboten, indem er ihn von den Toten auferweckt hat. **(32)** Als sie von der Auferstehung der Toten hörten, begannen die einen zu spotten; die andern aber sprachen: Wir wollen dich darüber ein andermal weiterhören. **(33)** So ging Paulus von ihnen. **(34)** Einige Männer schlossen sich ihm an und wurden gläubig; unter ihnen war auch Dionysius, einer aus dem Rat, und eine Frau mit Namen Damaris und andere mit ihnen.

Liebe Gemeinde,

auch wenn Paulus nicht nach Athen in den Urlaub gefahren ist – es ist schon eine Urlaubssituation, die er erlebt. Er ist neu in dieser Stadt und tut das, was alle Touristen tun. Er geht umher, schaut sich alles an, staunt über die prachtvollen

Gebäude und auch über das Kulturangebot. Insofern unterscheiden wir uns nicht von Paulus, wenn wir im Urlaub uns eine uns bis dahin unbekannte Stadt erschließen.

Aber bald werden auch Dinge deutlich, die uns von ihm unterscheiden. Schauen wir zunächst einmal darauf, was Paulus in seinem Reisegepäck hat. Er wird sicher auch vieles von dem dabei haben, was wir auch so mitnehmen, Sachen zum Anziehen, zum Waschen, etwas zum Lesen vielleicht. Aber er hat auch etwas dabei, das spüre ich aus dieser Geschichte, wo ich mich zumindest frage, ob wir das auch immer mit dabei haben: den unbedingten Willen nämlich, die gute Nachricht von Jesus Christus weiterzusagen. Das führt bei ihm dazu, dass er die Hände über dem Kopf zusammenschlägt: Mein Gott, was beten die Leute hier in dieser Stadt bloß alles an! Tempel an Tempel, einer neben dem anderen, alles verschiedene Götter – und Paulus tun die Leute leid.

Interessiert uns das im Urlaub? Haben wir auch einen unbändigen Willen, anderen Menschen die Frohe Botschaft zu bringen, mit im Gepäck? Wir sehen sie auch, die Tempel. Es sind heute andere Götter, als damals in Athen, denen Tempel gebaut werden. Aber sie sind unübersehbar. Die Tempel der Macht und des Geldes, die Tempel der Machbarkeit, die Statussymbole. Stört uns das noch? Oder sagen wir einfach: So ist sie eben, unsere Welt, da macht diese Stadt keine Ausnahme. So wie die anderen Besucher Athens damals gedacht haben mögen: So ist es halt. Es stört uns vielleicht nur ein bisschen, kein Grund, um traurig, vielleicht sogar zornig zu werden wie Paulus. Das würde unser Ziel, entspannt und fröhlich unseren Urlaub zu verbringen, doch mächtig beeinträchtigen.

Deswegen kann es bei uns auch nicht so weitergehen, wie es bei Paulus weiterging. Er geht dahin, wo Reden gehalten werden und jeder das auch darf. Hier werden tiefsinnige philosophische Ansätze verhandelt und sicher auch manches dumme Zeug gesagt. Aber der, der seine Stimme erhebt, kann sich zumindest vorübergehend der Aufmerksamkeit sicher sein und hat es dann selbst in der Hand, durch den Inhalt und die Art, wie er redet, seine Zuhörer auch länger zu fesseln.

Ich überlege, ob das in unserer Zeit irgendwo auf der Welt möglich wäre. Und mir fällt ein einziger Ort ein, der dem Athener Marktplatz auf diese Weise ähneln würde: Es ist speaker's corner im Londoner Hyde-Park. Die Redner-Ecke, wörtlich übersetzt. Dort kann man tun, was Paulus getan hat. Und man wird das Gleiche erleben: Manche halten einen für einen Spinner und gehen weiter, manche hören länger zu, müssen aber dann ihren Geschäften weiter nach gehen und wollen sich vielleicht am anderen Tag diesem Thema wieder widmen – und einige wenige bleiben und diskutieren mit dir bis spät in die Nacht.

Der Londoner Hyde-Park. Aber sonst? Es ist wohl kaum vorstellbar und wohl auch nicht erstrebenswert, sich irgendwo an eine belebte Straßenecke zu stellen und seine Botschaft hinauszuposaunen. Man würde wahrscheinlich von Ordnungskräften sehr schnell „weggeräumt" werden. Und das ist ja nun etwas, das gerade im Urlaub nun nicht gerade erlebt werden will.

Was kann also einer tun, der heute in den Urlaub fährt, und wie Paulus die Lust am Weitersagen der Frohen Botschaft im Gepäck hat? Und sollten wir diese Lust nicht alle haben? Ist sie nicht das Befreiendste was es gibt auf der Welt? Und brauchen nicht so viele Menschen diese Befreiung? Was können wir also tun in unserem Urlaub? Wenn wir nicht gerade nach London fahren, denke ich, müssen wir schon subtiler vorgehen als Paulus. Ich versuche ein paar Beispiele.

1. Das Tragen von christlichen Symbolen. Einmal abgesehen von der Tatsache, dass christliche Symbole als Halsketten und Fische auf den Autos weithin schon

zu Modeerscheinungen geworden sind, denke ich, dass nichts fataler ist als ein ängstliches Verschweigen seines Glaubens und seiner Haltung. Outen Sie sich. Unaufdringlich, aber deutlich. Vielleicht werden Sie angesprochen und danach gefragt. Und hier beginnt Ihr persönlicher Areopag.

2. Der Besuch von Kirchen. Gehen Sie als Christ im Urlaub niemals in eine Kirche, um Sie ausschließlich als Baudenkmal zu betrachten. Nehmen Sie sie wahr als Stätte des Gebetes. Setzen Sie sich. Knien Sie, wenn Sie mögen. Beten Sie. Es gibt so Vieles, für das Sie danken können, gerade im Urlaub. Sie sollen Ihre Frömmigkeit nicht zur Schau stellen, aber Sie dürfen dankbar in Kauf nehmen, dass Sie gesehen werden und dass der eine oder andere Zaghafte vielleicht das Gefühl bekommt: Ah, wir sind doch viele! Vielleicht kann ich das auch!

3. Eine Haltung der Nächstenliebe. Ganz einfache Dinge. Ich habe es vor 2 Wochen in New Jersey in einem Bus erlebt. Ein junger Mann ist aufgestanden, um einer älteren Frau mit Gehhilfen Platz zu machen. Sie sagte zu ihm: „Gott segne Dich, mein Sohn!“

Ich meine jetzt gar nicht so sehr zuerst die Tat des Mannes. So etwas tut man, auch als Nichtchrist, mit welcher Motivation auch immer. Ich denke an die Antwort der Frau. Sie ist dankbar dafür, wie jeder dankbar gewesen wäre. Aber ihre Antwort wird zum Zeugnis.

4. Kirchentagsbenehmen. Wissen Sie, was große Kirchentage mit Hunderttausenden von Menschen von ähnlichen nichtchristlichen Großveranstaltungen unterscheidet? ES ist die unglaublich positive Atmosphäre. Da wird nicht gedrängelt, wenn man in der Schlange steht, da wird nicht geschimpft über volle Straßenbahnen, da ist man fröhlich, wo man sonst genervt ist. Da wird der Müll dort entsorgt, wo er hinmuss. Schauen Sie sich zum Vergleich einmal das Festgelände am Tag

nach einem Tag der Sachsen an. Der Dresdner Kirchentag Anfang Juni war ein einziges großes Zeugnis für die Bewohner einer ganzen Stadt. Polizei und Ordnungskräfte haben sich verwundert die Augen gewischt: Wie geht denn das? Und die nichtchristlichen Bewohner der Stadt sind ins Fragen gekommen: Wo nehmen diese Christen ihre Motivation für eine derartig fröhliche und rücksichtsvolle Haltung her? Auf die Ebene des Einzelnen oder der Familie heruntergebrochen heißt das: Jeder von Ihnen kann in seinem Urlaub bereits mit einer solchen Haltung zum lebendigen Zeugnis werden.

Vier Möglichkeiten habe ich angesprochen, wie man die mitgebrachte Lust am Weitersagen der Frohen Botschaft im Urlaub auch auspacken kann, ohne gleich zum Exot, zum bunten Hund zu werden, den alle belächeln. Sagen Sie Gott nicht Auf Wiedersehen, wenn Sie sich auf die Reise machen. Er ist der Herr über unser ganzes Leben. Er will unsere Urlaubsreise nicht nur segnen und sich dann zurückziehen, er möchte auch an unserem Urlaubsort von uns wahrgenommen und verkündigt werden. Denn er ist auch dort. Ganz sicher.

Und noch einen Grund gibt es, warum wir diese Dinge in unserem Urlaub beherzigen sollten. Und dieser Grund sind unsere Kinder. Sie lernen als Erstes von uns, dass Glaube nicht nur etwas ist, das man verschämt in den eigenen 4 Wänden verschließt und zu den hohen Festtagen auch mal mit in die Kirche bringt. Sie lernen stattdessen, dass wir Christen in dieser Welt sind, dass die Welt Gottes Wort braucht und dass wir es, ohne dafür studiert haben zu müssen, mit einfachen Mitteln weitersagen können. So werden mündige Christen aus ihnen.

Und nun packen wir bereits ganz bewusst unsere Koffer. Ich wünsche Ihnen einen gesegneten Urlaub.

Vom Geist bewegt

Andacht zum Klassentreffen. 2009.

Römer 8, 14

(14) Denn welche der Geist Gottes treibt, die sind Gottes Kinder.

Liebe Abitur-Jubilare,

seien Sie herzlich willkommen hier bei uns in der Peter-Paul-Kirche. Sie feiern 60 Jahre Abitur und treffen sich aus diesem Anlass, um sich selbst und den anderen zu sagen: unsere Gemeinschaft ist uns wichtig, sie trägt uns auch so viele Jahre nach der Schulentlassung noch, so unterschiedlich sich unsere Lebenswege auch entwickelt haben.

Oder anders gesagt: Der Geist der Gemeinschaft hat Sie hier zusammengeführt.

Gestern waren Sie auf der Landesgartenschau. Und Sie kennen das Gelände noch sehr gut, wie es ausgesehen hat vor 10, 20, 30, 60 Jahren. Unübersehbar war: hier wehte ein Geist der Veränderung, der Erneuerung durch Reichenbach.

Der Geist, der uns Menschen bewegt, er ist in unserem Sprachgebrauch oft anzutreffen. Und Sie gestatten mir sicher, in der Nähe zu Pfingsten, das ja das Fest des Geistes Gottes ist, ein wenig darüber nachzudenken.

Wenn vom Geist die Rede ist, bekommt unsere Vorstellung regelmäßig Probleme. Kinder haben's da noch einfach: ein Geist ist für sie eben so etwas wie ein Gespenst, ein bisschen gruselig, aber meistens lieb – so zeigen es die Kindersendungen im Fernsehen. Für uns Erwachsene ist die Bandbreite sehr weit. Sie reicht von übertriebenem esoterischen Geisterglauben bis hin zur aufgeklärten Vorzeigemeinung: „Geister? Gibt's doch nicht!"

Wo ordnet sich da der Geist Gottes ein?

Ich helfe mir an dieser Stelle immer mit einem Bild, das uns allen vertraut ist, weil es durchaus zu unserem Sprachgebrauch gehört: wenn die Atmosphäre in einer Schule, in einer Arbeitsgemeinschaft oder beispielsweise unter Kollegen gut ist, dann sagt man: „dort weht (oder herrscht) ein guter Geist. Oder wenn sich Spitzenpolitiker treffen und etwas wirklich Zukunftsweisendes vereinbaren, wird ebenfalls der Geist dieses Treffens bemüht. Als sich vor vielen Jahren Reagen und Gorbatschow in der isländischen Hauptstadt Reykjavik trafen, sprach die Welt noch Jahre danach vom Geist von Reykjavik. Oder denken Sie an den Geist der Hoffnung, der jetzt seit der Wahl von Barack Obama zum Präsidenten der USA spürbar ist.

So kann ich mich auf diese Weise vorsichtig annähern in meinem Bemühen, mir den Geist Gottes vorzustellen. Man sieht ihn nämlich nicht (das liegt ja auch im Wesen von Geistern), genauso wenig wie man den Geist von Reykjavik sieht. Aber – und das ist das entscheidende Kriterium – man kann ihn an seinen Wirkungen erkennen! Wind sieht man auch nicht, aber man kann sehen, wie sich die Blätter an den Bäumen bewegen. So ist es auch mit dem Geist Gottes: wo immer Menschen sich bemühen, nach Gottes Willen zu handeln, wo immer sie sich einsetzen für Frieden, Gerechtigkeit und Bewahrung der Schöpfung, sind sie bewegt vom Geist Gottes. Große Namen fallen uns vielleicht ein: Mutter Theresa oder Albert Schweitzer. Aber wir müssen gar nicht immer in solchen großen Kategorien denken. Jeder von uns kann vom Geist bewegt werden und in seinem begrenzten Umfeld „Wirkung zeigen" Wichtig ist, dass wir das Wirken des Geistes an uns zulassen. Wenn wir das tun, verheißt uns der Apostel Paulus: „Welche der Geist

Gottes treibt, die sind Gottes Kinder.“ Angenommen von Gott, handelnd nach seinem guten Lebensentwurf für diese Welt.

Es wird deutlich, dass unsere Welt vom guten Geist Gottes bewegte Menschen braucht. Bitten Sie um diesen Geist. Er wird Ihnen geschenkt werden. Beginnen Sie mit Ihrem Klassentreffen und lassen Sie es in einem guten Geist vorübergehen. Und dann gehen Sie wieder nach Hause und nehmen von diesem Geist mit und lassen ihn wirken, wo immer Sie sind. Amen.

Ich wünsche Ihnen eine gute, geistvolle Zeit in Reichenbach.

Gute Vorsätze

Zwei Monate nach Neujahr. 2007.

2. Korinther 6, 2

(2) Siehe, jetzt ist die Zeit der Gnade, siehe, jetzt ist der Tag des Heils!

Wir haben Donnerstag, den 1. März, während ich diese Zeilen schreibe. Warum betone ich das so? Nun, das noch junge Jahr ist genau 2 Monate alt. Am 1. Januar hat es begonnen – und dieser Tag ist ein ganz besonderes Datum. Ein Tag, an dem man sich in der Regel eine Menge vornimmt, wie man sein Leben neu oder anders gestalten will, meistens schon ahnend, dass man spätestens am 3. Januar wieder drin ist im alten Trott!

Was wäre denn, wenn wir uns den 1. März einmal ganz bewusst vornehmen würden als Tag der Bilanz? Ich frage Sie jetzt unumwunden: Wie viel ist von Ihren ganz persönlichen guten Vorsätzen wahr geworden? Vielleicht hätten es unsere Vorsätze ja leichter, wenn sie auf einen Tag der Abrechnung hin angelegt wären! (Und wenn man einmal 2 Monate nicht geraucht hat, fängt man nicht so leichtfertig wieder damit an, wie nach nur einem Tag!)

Schade. Einen solchen Tag der Abrechnung wird es nicht geben. Wir werden nie den 1. März in dieser Weise als Gedenktag bekommen.

Wir müssen also anders mit unseren Vorsätzen umgehen. Aber wie? Ich denke, wir müssen genauso Abschied nehmen von dem Datum des Jahreswechsels. Denn nichts hebt die Silvesternacht in irgendeiner Weise heraus aus dem Alltag. Es ist ein willkürlich festgelegtes Datum. Deswegen muss es auch regelmäßig scheitern, wenn wir es bedeutungsschwerer machen wollen als es nun einmal ist und es überfrachten mit unseren Erwartungen an uns selbst! Dieser Tag (bzw. diese Nacht) kann nun wirklich nicht leisten, was wir selber nicht zu leisten vermögen!

Deshalb: Unsere guten Vorsätze gehören in den Alltag! Die Bibel kennt den Satz: „Jetzt ist die Zeit der Gnade, jetzt ist der Tag des Heils." Ja, vergessen Sie den Jahreswechsel, jetzt ist genau die richtige Zeit für die Änderung, die Ihr Leben braucht! Und wenn Sie das morgen noch mal lesen, dann ist genau in dem Moment wieder „Jetzt"!

Das gilt auch für den Glauben. Vielleicht gehören Sie auch zu denen, die sagen: „Man müsste mal wieder… - sich mit diesen Fragen auseinandersetzen, in einen Gottesdienst gehen, einen Abschnitt in der Bibel lesen, verstehen, in welcher Weise Gott mein Leben heil machen möchte. Tun Sie's. Warten Sie nicht erst bis zum nächsten Silvestertag (obwohl die Gottesdienste da besonders schön sind)! Jetzt ist der Tag des Heils.

Reformation und Politik

Mitmischen – mit mission. 2014.

Galater 5, 1

(1) Zur Freiheit hat uns Christus befreit! So steht nun fest und lasst euch nicht wieder das Joch der Knechtschaft auflegen!

Liebe Gemeinde,

mit diesem Reformationstag 2014 geht das Themenjahr der Landeskirche auf dem Weg zum Reformationsjubiläum 2017 zu Ende. Reformation und Politik hieß es 2014 und dieses Thema wollen wir heute noch einmal miteinander bedenken. Das Reformationsgeschehen damals Anfang des 16. Jahrhunderts war ja nicht etwas, das etwa frei von Politik gewesen wäre. Im Gegenteil, die Reformatoren haben sich eingemischt in politische Gegebenheiten, man denke nur an die Diskussionen um den Bauernkrieg, oder an manchen Landesfürsten, der die Reformation gefördert hat, ja, sie haben die politische Landkarte Europas ganz schön durcheinandergewirbelt damals und als Ergebnis der Reformation auch manche Grenze neu gezogen.

In der Tradition der Reformatoren war die lutherische Kirche nie frei von Politik. Immer hat sie sich geäußert, wo Äußerungen notwendig waren, immer hat sich eingemischt, das beste Beispiel ist wohl die bekennende Kirche im Dritten Reich und die Rolle Dietrich Bonhoeffers im Widerstand. Auch heute erhebt die Kirche ihre Stimme, sie legt den Finger besonders auf die drängenden Probleme unserer Zeit, auf Frieden, Gerechtigkeit und Bewahrung der Schöpfung, sie mahnt, wo sie gesellschaftliche Fehlentwicklungen sieht, und sie wird gehört in unserer Gesellschaft. Mögen die Zahlen namentlich im Osten unseres Landes auch kleiner geworden sein, die Meinung der Kirche ist nach wie vor gefragt.

Wir haben als Kirche damit eine Rolle innerhalb unserer Gesellschaft, die nicht zu unterschätzen ist. Die Welt hat Fragen und der Glaube hat Antworten. Die Kirche darf diese Antworten der Welt nicht vorenthalten. Oft sind es keine einfachen Antworten. Aber auch dort, wo sie schwierig sind: Wir haben den Auftrag von Jesus selbst bekommen, die frohe Botschaft von Gottes Zuwendung zu den Menschen und von seinem Heilsplan mit ihnen der Welt weiter zu sagen. Wir nehmen diesen Auftrag wahr, in dem wir uns auch weiterhin in gesellschaftliche und politische Belange einmischen; bereits dies ist Mission. Wir würden diesen Auftrag nicht wahrnehmen, wenn wir uns von allem fernhalten würden was diese Welt betrifft, wenn uns das alles nichts anginge, wenn wir uns zurückziehen, uns abschotten würden von dieser Welt.

Menschliche Gesellschaften sind nichts Statisches, sie beschreiben nicht Stillstand, sondern sie sind etwas, das sich ständig verändert. Christlicher Glaube und kirchliche Institutionen sind in den Gesellschaften auch dafür da, darauf zu achten, dass diese Veränderungen zum Guten hin geschehen. Würden wir also unsere Mitwirkung entziehen, unsere Einmischung aufgeben, würden wir der Welt entscheidendes nehmen. Wir würden ihr ein Korrektiv nehmen, an dem sie ihre Entwicklung überprüfen und ausrichten kann.

Jetzt werden Sie vielleicht sagen, wir sehen gerade in der Gegenwart so viele gesellschaftliche Veränderungen, bei denen deutlich wird, dass man sich um das Korrektiv Glaube in keiner Weise schert. Stimmt, Sie haben Recht. Aber stellen Sie sich einmal vor, es würde dieses Korrektiv gar nicht geben. Um wie viel rasanter müsste man sich dann den Verfall vorstellen?

Nein, Kirche darf nicht unparteiisch sein. Denn sie will etwas mit dieser Welt, sie will es um Gottes Willen. Und deswegen arbeitet sie mit, steckt Rückschläge ein, freut sich aber auch an Fortschritten. Einer dieser Fortschritte ist, dass wir in unserem Land nach einem 20. Jahrhundert voller Verirrungen endlich in Freiheit und Demokratie angekommen sind. Die Demokratie ist die Gesellschaftsform, die meiner Auffassung nach dem Willen Gottes für das Zusammenleben der Menschen am meisten entspricht. Ich schlussfolgere das aus folgender Beobachtung: die Demokratie lässt den Menschen die Freiheit sich innerhalb ihrer selbst auch gegen sie zu entscheiden. Das macht es manchmal schwierig und hat in der Geschichte auch schon oft dazu geführt, dass sie gescheitert ist. Aber wenn sie diese Freiheit nicht gewähren würde, wäre sie nicht Demokratie. Bei Gott ist es ganz ähnlich. Er lässt den Menschen die Freiheit, sich sogar gegen ihn entscheiden zu können. Und auch hier ist es so: anders ist dieser Gott nicht denkbar.

Kirchlicher Einsatz in Gesellschaft und Politik ist also wesentlich Einsatz für Demokratie. Wo sich kirchlicher Einsatz im vergangenen Jahrhundert mit Diktaturen angefreundet hat, kam es zu den schlimmsten Verirrungen. Ich denke an die deutschen Christen im dritten Reich oder an fragwürdige Anbiederungsversuche an das kommunistische Regime. Allein der Demokratie wohnen die kreativen schöpferischen Möglichkeiten inne, die dazu führen, dass die Welt und die Menschheit sich weiter entwickeln. Und allein die Demokratie hat die Kraft, sich selbst infrage zu stellen, sich immer wieder zu prüfen und Korrekturen an ihrem Weg vorzunehmen. Und gerade dafür ist die Kirche so wichtig und unverzichtbar für die Gesellschaft. Sie kann Kritik üben, mahnen, aber auch unterstützend tätig sein für gesellschaftliche Prozesse, die sie als Gottes Willen entsprechend erkannt hat. Sie hat nicht die Aufgabe, den Himmel auf Erden zu schaffen. Aber sie hat die Aufgabe, sowohl im zwischenmenschlichen als auch im global-politischen Bereich,

Prozesse zu unterstützen, die dem Frieden dienen, denn Krieg soll nach Gottes Willen nicht sein. Sie hat die Aufgabe, Prozesse zu unterstützen, die der Gerechtigkeit dienen, denn Jesus möchte, dass wir im Geringsten unserer Brüder ihn selbst erkennen, sie hat die Aufgabe, Prozesse zu unterstützen, die Gottes gute Schöpfung in all ihrer Schönheit und Komplexität erhalten. Alle diese Aufgaben hat sie auch in einer wie auch immer gearteten Diktatur. Aber allein in der Demokratie kann sie sich frei äußern und ihren Glauben ohne Angst bekennen.

Ich habe in der letzten Woche ein Interview gelesen mit einem der Führer der Terrororganisation Islamischer Staat. Er sagte, Demokratie sei nur etwas für Ungläubige. Der aufzubauende Gottesstaat sei natürlich nicht demokratisch. Es gibt Gesetze, sie stehen im Koran, und dieser heißt ja schon übersetzt: Unterwerfung. Nun weiß ich schon, das im Islam alle als Ungläubige bezeichnet werden, die nicht dem Islam angehören. Aber trotzdem: welches Gottesbild steckt hinter dieser Aussage? Ist es nicht ein total verschrobenes, verqueres, ja sogar zerstörtes Gottesbild, was einen zu dieser Aussage treibt? Sollte Gott tatsächlich wollen, dass Menschen unterdrückt werden, dass Andersgläubige hingerichtet werden, dass junge Mädchen von ihrem eigenen Vater gesteinigt werden, dass Frauen wie Ware behandelt werden, dass sie keinerlei Rechte haben, dass Kindern die Sprengstoffgürtel umgebunden werden – welches Recht haben die Menschen, die so etwas tun, andere als Ungläubige zu bezeichnen? Sie selbst sind die Ungläubigen dieser Welt, soweit degeneriert, dass sie den Willen Gottes pervertieren.

Gott will die Freiheit für sein Geschöpf, den Menschen. Als er den Menschen schuf, war keine Rede von Abhängigkeiten und Unterordnungen. Größtmögliche Selbstbestimmung sollte es auszeichnen, sein Geschöpf. Er schuf es zu seinem Bilde. Gott weiß, dass Freiheit im Zusammenleben Regeln braucht und er gab diese den Menschen, weil er möchte, dass wir diese Freiheit in Verantwortung ergreifen und damit umgehen. Und so ist es sachgemäß, dass sich die Kirche durch die Jahrhunderte immer wieder auf die Berufung des Menschen zur Freiheit besinnt. Der Freiheitsbegriff spielte eine zentrale Rolle in der reformatorischen Argumentation des 16. Jahrhunderts. Er erlebte eine Renaissance in der südamerikanischen Befreiungstheologie im 20. Jahrhundert. Und er stellt sich uns jetzt ganz neu in der Abgrenzung gegenüber Ansichten, die das Verhältnis zu Gott radikalisieren und Menschen in Abhängigkeiten führen.

(1) Zur Freiheit hat uns Christus befreit! So steht nun fest und lasst euch nicht wieder das Joch der Knechtschaft auflegen!

So lesen wir es im Galaterbrief. Einsatz für den Glauben, für die Sache Gottes in der Welt, ein glaubhaftes Zeugnis seiner Gegenwart ist in unserer Welt auch der Einsatz für Freiheit und Demokratie. Halten wir fest, was wir haben: die Freiheit des Evangeliums in unserer Kirche und die Freiheit, die sich unsere Gesellschaft vor 25 Jahren friedlich erkämpft hat. Amen.

Diese Welt braucht Licht

Kinder des Lichts. 2004.

Epheser 5, 9-14

(9) Lebt wie Kinder des Lichts! Ein solches Leben führt zu aufrichtiger Liebe, Gerechtigkeit und Wahrheit. *Wörtlich: Lebt als Kinder des Lichts. Denn die Frucht des Lichts ist alle Art Gutes und Gerechtigkeit und Wahrheit.* **(10)** Prüft in allem, was ihr tut, ob es auch Gottes Wille ist. **(11)** Lasst euch auf keine finsteren Machenschaften ein; im Gegenteil, helft sie ans Licht zu bringen. **(12)** Denn was manche im Verborgenen treiben, ist so abscheulich, dass man nicht einmal davon reden soll. **(13)** Doch wenn das Licht Gottes auf diese Dinge fällt, werden sie erst richtig sichtbar. **(14)** Was Gott ans Licht bringt, kann hell werden. Denn sein Licht ist stärker als alle Finsternis und Sünde. Deshalb heißt es auch in einem Lied: «Erwache aus deinem Schlaf! Erhebe dich von den Toten! Und Christus wird dein Licht sein.»

Liebe Gemeinde,

der eben gelesene Text, besonders sein erster Vers, ist ein beliebter Taufspruch. Eltern suchen sich ihn häufig heraus, um ihn ihrer Tochter oder Ihrem Sohn mit auf den Lebensweg zu geben. Lebt als Kinder des Lichts; die Frucht des Lichts ist lauter Güte, Gerechtigkeit und Wahrheit.

Es mag sein, dass es diese 3 Worte sind, die Eltern für ihre Kinder wollen: Güte, Gerechtigkeit, Wahrheit. Ja, so soll mein Kind aufwachsen, das wünsche ich ihm. Aber ich denke, es ist eher das Wort „Licht“, und alles, was sich mit ihm verbindet. Licht, das ist Helligkeit, Wärme, ich kann weit sehen, ich brauche mich nicht zu fürchten, auch nicht vor dem nächsten Schritt – es ist das Gute schlechthin. Die Dunkelheit dagegen macht mir Angst, es ist kalt, ich kann nichts sehen, Böses passiert im Dunkeln.

Es ist dieses Gegensatzpaar von Licht und Dunkelheit, Gut und Böse, was Eltern im Blick auf ihre Kinder anzieht. Sie wissen, das Leben hier auf dieser Erde gefährdet ist und wollen ihr Kind vor diesen Gefahren bewahren. Deswegen wünschen sie ihm Licht. Helligkeit. Und manche wissen, manche ahnen es: diese

Helligkeit kommt anderswoher als unsere kleine Kraft. Wir können dafür nicht garantieren. Sie kommt von Gott. Diese Eltern spüren: auch für mein Kind – wie für alle Menschen, ja für alles Leben – kommt es darauf an, dass es behütet ist, gesegnet von dem, der das Licht in diese Welt gebracht hat.

Und diese Welt braucht Licht! Zu vieles gibt es in ihr, das dem Bereich der Dunkelheit zuzuordnen ist! Der Predigttext wird da schon ziemlich konkret:

„Lasst euch auf keine finsteren Machenschaften ein; Was manche im Verborgenen treiben, ist so abscheulich, dass man nicht einmal davon reden soll." Das es finstere Machenschaften gibt, ist uns klar – und wir wollen im Grunde gar nicht wissen, was da im Dunkeln alles passiert, zu abscheulich ist es, überhaupt davon zu reden. Die Zeitungen, die Nachrichten im Fernsehen, sie zeigen uns tagaus, tagein, wie finster diese Welt ist, was Menschen einander antun können. Sei es im Irak, im Sudan, im Nahen Osten oder auch auf unseren Straßen. Und manch einer mag darüber resignieren und sagen: „So ist es nun einmal – was kann man da schon machen!" Ich verstehe dieses „Was kann man da schon machen" weniger als ein unbeteiligtes Schulterzucken, im Sinne von „Lasst mich bloß damit in Ruhe", sondern eher als ein hilfloses Fragen: „Ich möchte ja gern etwas dazu beitragen, aber ich weiß nicht, wie ich es zuwege bringen soll!

Diesen Fragern antwortet unser Text mit der knappen Aufforderung: „Lebt als Kinder des Lichts." Kinder des Lichts heißt: wir müssen unser Licht nicht selber produzieren. Sondern wir bekommen es. So wie der Mond sein Licht von der Sonne bekommt und weitergibt. So sollen auch wir von Gott Angestrahlten dieses Licht weitergeben. Wie geht das? 3 Stichworte nennt der Text: Güte, Gerechtigkeit und Wahrheit. Fast zwangsläufig kommen diese Worte und jeder versteht sie: Ja, wenn diese Begriffe zum Allgemeingut würden, dann sähe es in unserer Welt doch anders aus. Um Güte, Gerechtigkeit und Wahrheit müssen wir uns also bemühen, so müssen wir zunächst einmal selber leben. Oder? Fast glaube ich, es ist noch einfacher, wenn ich dem Text folge. Die Frucht des Lichts ist lauter Güte, Gerechtigkeit und Wahrheit. Das heißt doch nichts anderes als: Wenn ich das Licht Gottes auf mich scheinen lasse, wenn ich mich diesem Licht öffne, mich anstrahlen lasse, wenn ich glaube und vertraue, dann folgen meinem Handeln in dieser Welt automatisch Güte, Gerechtigkeit und Wahrheit. Wo immer ich den Willen Gottes für diese Welt erkenne und in die Tat umsetze, wird von mir und meinem Handeln Güte, Gerechtigkeit und Wahrheit ausgehen. So sind diese 3 Worte ein Prüfstein für alles, was geschieht. Wir können an ihnen ein Stückweit ablesen, ob es sich um den Willen Gottes handelt oder nicht.

Lasst euch nicht auf finstere Machenschaften ein, sondern helft, sie ans Licht zu bringen. Wer vom Licht Gottes angestrahlt ist, der wird sich nicht freiwillig ins Dunkle begeben. Er weiß um den Wert des Lichtes, sowie Eltern das wissen, wenn sie sich um die Zukunft ihrer Kinder Sorgen machen. Aber das Dunkle ist manchmal auch ganz nah und es ist schwer, ihm immer auszuweichen. Da ist die kleine Lüge, die mich im Moment ein Stückweit besser stellt, da ist das Kavaliersdelikt, das ja nicht so schlimm ist, da ist die getürkte Steuererklärung – machen ja alle so, wie willst du sonst überleben – und vieles mehr. Ja, wir müssen schon auch auf uns achten, nicht in den Bereich des Dunklen abzurutschen. Ein bloßer Automatismus ist es trotz meiner Taufe nicht. Ich bin immer noch Kind dieser Welt und auch ihren Gefährdungen ausgesetzt. Dabei kann helfen, Böses und Unrecht nicht zu verschweigen, sondern mutig zu benennen. Wo ich dies tue, vermindert sich die Gefahr, selbst ein Teil dieses Unrechts zu werden. Ich verstehe das als unmissverständliche Aufforderung: „Helft, diese finsteren Machenschaften ans Licht zu bringen!“ Wo immer wir im Licht Gottes etwas als Unrecht erkennen, geht es um zweierlei: Haltet euch davon fern und benennt es als Unrecht. Zweifellos ein Rezept für diese Welt. Vieles Schlimme passiert auch deswegen, weil man einfach mitmacht, mitschwimmt, weil man glaubt, sonst untergebuttert zu werden, nicht bestehen zu können. Und vieles Schlimme passiert auch deswegen, weil man nur hinter vorgehaltener Hand davon spricht.

Aber alles, worauf das Licht Gottes fällt, wird hell. Es kommt ans Tageslicht, verliert seinen Schrecken, wird lösbar, kann sich zum Guten wenden. Sein Licht ist stärker als die Finsternis. Und darin besteht unsere Aufgabe. Denn wir sind von diesem Licht angestrahlt. Aber wenn wir voller Furcht vor den Schrecken dieser Welt leben, dann decken wir es zu, dann kann es seine Leuchtkraft nicht weiter entfalten. Dann gleichen wir Schläfern, die zwar die Potenziale in sich tragen, aber nichts daraus machen. Und deswegen werden wir vom Apostel auch gemahnt: Wach auf, der du schläfst und steh auf von den Toten. Tot ist ein Zustand, in dem sich nichts bewegt. Dann bleibt alles so, wie es ist. Aber das muss es nicht. Wir können aufwachen und die Welt ein Stückchen verschieben. Aus der Dunkelheit ins Licht. Jeder an seinem Platz, indem er sich a) nicht an den Dunkelheiten beteiligt und sie b) mutig benennt. Einem solchen Handeln gilt die Unterschrift Gottes. Christus wird dein Licht sein. Es ist schön, dass am Ende des Predigtabschnittes diese Zusage steht. Wir sind mit dieser Aufgabe nicht alleingelassen. Und das ist es wohl auch, was Eltern für ihre Kinder vertrauensvoll in die Zukunft blicken lässt: Das Licht Gottes wird uns begleiten. Wir sind den Dunkelheiten nicht schutzlos ausgeliefert. Beides muss zusammen kommen: unser Bemühen und Gottes Segen. Dann kann es gelingen, diese Welt ein Stückweit heller und freundlicher zu machen. Dass uns das vielleicht heute schon im Kleinen gelingt, an irgendeinem Punkt, und dass wir dann darüber ins Staunen geraten, das wünsche ich uns. Amen.

9/11

Spontaner Gedenkgottesdienst, 2 Tage nach dem Terroranschlag auf das World Trade Center New York. 2001.

2. Timotheus 1, 7

(7) Denn Gott hat uns nicht gegeben den Geist der Furcht, sondern der Kraft und der Liebe und der Besonnenheit.

Liebe Gottesdienstbesucher,

die Trauer hat uns heute hier zusammengeführt. Trauer und ohnmächtige Wut empfinden wir in diesen Tagen über das, was Menschen einander antun können. Wir finden keine Worte für das entsetzliche Geschehen, stehen sprachlos vor den Trümmerbergen der menschlichen Zivilisation. Was hat menschliches Leben überhaupt noch für einen Sinn, wenn so etwas möglich ist? Wie sehr ist der Mensch zur Bestie geworden, wenn er die Option in sich trägt, den Tod Tausender Menschen, unbeteiligter, unschuldiger Menschen, in Kauf zu nehmen – für eine Idee?

Auch über solche Fragen suchen wir heute Trost. Trost im Gebet, im Gespräch mit Gott, der uns in seinem Wort einen anderen Lebensentwurf vorgestellt hat, den zu verwirklichen wir bisher nicht in der Lage waren.

Es gibt einen Vers im 2. Brief an Timotheus, im 1. Kapitel, der mich aus der bloßen Betroffenheit heraushoit und über das „Wie weiter?“ nachdenken lässt:

7 Denn **Gott hat uns nicht gegeben den Geist der Furcht, sondern der Kraft und der Liebe und der Besonnenheit.**

Ich beginne mit dem Geist der Furcht. Ja, wir haben Angst. Angst vor Eskalation, Angst vor Vergeltungsschlägen der amerikanischen Regierung, Angst vor einer Spirale der Gewalt, Angst davor, dass die Gewalt auch in unser Land getragen werden kann. Wir sichern unsere Grenzen und Flughäfen, verstärken die Sicherheitsvorkehrungen um amerikanische und israelische Einrichtungen. Aber all das ist nicht nur Ausdruck dieser Angst. Diese Maßnahmen sind gut und wichtig. Sie müssen ergriffen werden, um ähnliches nach menschlichem Ermessen verhindern zu können. So gesehen ist eine gesunde Furcht durchaus angemessen. Der Philosoph Hans Jonas spricht von der Heuristik der Furcht: Wenn ich Gefahren erkenne und mich vor den Folgen meines Tuns fürchten muss, bewahrt es mich vor Leichtsinnigkeit und Leichtfertigkeit.

Der Geist der Furcht ist also durchaus etwas Angemessenes. Keiner von uns möchte so etwas am eigenen Leib spüren, keiner von uns möchte einen Angehörigen betrauern müssen, keiner von uns möchte Krieg.

Im Bibelwort wird der Geist der Furcht dennoch abgelehnt, weil wir allzu oft darin stecken bleiben. Weil die Angst allein lähmt, weil sie mich nicht weiter bringt, weil sie nicht über die Situation hinaus fragt und mich vom notwendigen, tätigen, gestalterischen Tun abhält.

Drei Dinge sind es, die über diesen Geist der Furcht hinausweisen. Ich glaube, dass viele von uns, viele Menschen überhaupt auf dieser Welt auch bereits diesen anderen Geist in sich tragen, und das gibt mir Hoffnung: den Geist der Kraft, der Liebe und der Besonnenheit.

Der Geist der Liebe. Unzählige Menschen bekunden ihr Mitgefühl und ihre Trauer auf sichtbare Weise. Blumen an den amerikanischen Botschaften, Blutspenden, spontane Hilfsangebote sind Ausdruck des Geistes der Liebe. Ich begrüße auch ausdrücklich das deutsche Angebot materieller Hilfe, ausgesprochen durch das technische Hilfswerk und andere Organisationen. Ich hielte es für fatal, würde man sich zurücklehnen und meinen, das reiche Land Amerika braucht diese Art der tätigen Hilfe weniger als etwa Bangladesch nach einer Flutkatastrophe. Menschliches Leid erfährt keine Abstufung nach dem Bruttosozialprodukt des Landes, in dem man lebt. Leidende Menschen brauchen andere, die bei ihnen stehen, unabhängig von ihrem Einkommen. Von daher ist unsere Solidarität geboten, moralisch wie tätig, ich möchte da nichts ausschließen, auch Geldspenden nicht.

Ich glaube, dass diese Haltung auch biblisch getragen ist. Jesus steht immer auf der Seite der Schwachen, der Benachteiligten. Der Geist der Liebe ist sein Geist, der uns in diese Solidarität ruft.

Aber der Geist der Liebe gebietet uns nicht nur, um die Opfer zu trauern, den Angehörigen unser Mitgefühl zu zeigen und tätige Hilfe zu leisten. Er öffnet uns auch die Augen für anderes, bisher kaum wahrgenommenes Leid. Was ist zum Beispiel mit den Augenzeugen. Mit den Menschen, die dabeistanden, die die Kollisionen und Zusammenstürze gesehen haben. Die vor den Trümmerbergen stehen, ohne, dass sie vielleicht einen Angehörigen darunter vermuten. Sie haben etwas erlebt, das sie ihr Leben lang nicht mehr vergessen werden. Wie werden sie mit diesen traumatischen Minuten fertig? Auch ihnen gilt heute unser Gedenken.

Und schließlich richtet sich unser Blick, geleitet durch den Geist der Liebe, auch auf die Täter. Es sind Menschen wie wir. Was hat sie zu dem gemacht, was sie sind? Wie sehr müssen sie hassen? Wieviel Hass muss im Spiel sein, wenn Menschen bereit sind, das eigene Leben so gering zu achten, dass sie es wegwerfen, nur um andere damit zu Schaden zu bringen? Wer schürt diesen Hass und warum? Haben wir etwas falsch gemacht? Haben wir Anlass gegeben zu solch glühendem Hass? Wir werden diese Fragen nicht letztlich lösen können heute. Aber wir sollten in unserer Fürbitte auch die Täter nicht vergessen. Es sind verblendete, irre geleitete Menschen. Erzogen zur Gewalt, erzogen zu solch glühendem Hass, erzogen dazu, die Idee fanatisch durchzusetzen, ohne Rücksicht, ohne die Fähigkeit zur Toleranz, die Fähigkeit, andere Ideen oder Lebensentwürfe neben seinen zu dulden. Wenn wir darüber nachdenken, weist uns der Geist der Liebe auf unser eigenes Umfeld. Auf unsere Toleranzfähigkeit, auf unseren Umgang mit unseren Nächsten, auf die Erziehung unserer Kinder. Gewalt darf kein Kavaliersdelikt sein. Etwas, worüber man hinweggeht, weil es nun mal zu unserem Leben dazugehört. Gleiches gilt für fundamentale Gedanken und ihre fanatischen Spielarten. Es muss gesellschaftlicher Konsens werden, dass die eigene Meinung, die eigene Idee nicht mit Gewalt durchgesetzt werden darf, sondern sich in einem friedlichen, die Menschheit voranbringenden Wettstreit mit anderen Meinungen und Ideen befinden muss. Ja, es geht um eine weltweite Ächtung von Gewalt, mit all ihren Spielarten, angefangen bei der Gewalt in den Familien und gegen Kinder, bis hin zur Lösung von Konflikten mit militärischen Mitteln, und es geht um eine weltweite Ächtung von Fundamentalismus und Fanatismus – und das fängt bei mir an.

Wir sind noch nicht soweit, Zweifel an der Machbarkeit sind durchaus berechtigt – aber der Geist der Liebe setzt uns auf diese Spur. Und wenn wir darüber nachdenken: wir haben letztlich keine andere Chance.

Der Geist der Besonnenheit. Viele Menschen beschwören die amerikanische Regierung in diesen Tagen flehentlich und bitten um Besonnenheit. Wird ihr ein maßvolles Reagieren möglich sein? Natürlich ist diese Bitte zunächst getragen vom Geist der Furcht. Der Furcht vor Eskalation. Dahinter steht die selbst Kindern schon bekannte Beobachtung, dass Gewalt Gewalt erzeugt und dass es in den seltensten Fällen gelingt, sie dabei geringer werden zu lassen. Im Gegenteil, sie schaukelt sich auf, es entsteht das, was wir die Spirale der Gewalt nennen. Diese Beobachtung kann besonnen machen – indes: Zweifel sind auch hier berechtigt.

Welche Überlegungen können noch förderlich sein für den Geist der Besonnenheit?

Ich möchte es an einer unbeantwortet gebliebenen Frage aus dem letzten Abschnitt festmachen: haben wir Anlass gegeben zu solch glühendem Hass? Selbst wir, die wir in den reichen Ländern leben, spüren von Zeit zu Zeit, mal stärker, mal schwächer, die Überheblichkeit der wirtschaftlichen Macht. Wir sind abhängig von Banken und Versicherungen, die internationale Finanzwelt ist schwer durch schaubar und seitdem die Börsennachrichten auch in den Nachrichten der öffentlich-rechtlichen Rundfunkanstalten ihren ganz eigenen Platz haben, wird der Eindruck verstärkt, das Wohl und Wehe der Wallstreet entscheidet über das Wohl und Wehe der Menschheit. Der Eindruck der Unangreifbarkeit und der damit verbundenen Arroganz ist mit Händen zu greifen. Wenn dieser Eindruck bei uns schon entsteht, wie stark mag er in den ärmeren Ländern dieses Erdballs sein. Gnädig vergibt die Weltbank einen Kredit nach dem anderen, ohne sich wirklich um eine nachhaltige Entspannung der Situation zu bemühen. Im Gegenteil: Chancen, wie der von den Kirchen und anderen Institutionen geforderte globale Schuldenerlass wurden vertan. Statt dessen werden arme Länder bewusst in Abhängigkeiten gehalten, einerseits um den eigenen Wohlstand zu halten, andererseits um, wie es heißt, nationale Interessen zu wahren. Dafür werden Stellvertreterkriege geführt, die ebenfalls unsägliches Leid über die unbeteiligte und unschuldige Bevölkerung der betroffenen Länder bringt. Das World Trade Center ist auch ein Symbol dieser Arroganz der wirtschaftlichen Macht. Und es drängt sich der Gedanke auf, dass es den 11. September so nicht gegeben hätte, wäre dieses Gebäude Symbol für weltweite Gerechtigkeit.

Ich denke, dass diese Überlegungen, geführt vom Geist der Besonnenheit, zu einem Umdenken vor dem Rückschlag führen können. Indes: auch hier sind Zweifel angebracht. Der Bundeskanzler spricht von einem Anschlag auf die ganze zivilisierte Welt. Und auf dem ersten Blick möchte man spontan bejahen. Aber der zweite Blick lässt uns fragen: Werden hier nicht die gleichen alten Grenzen gezogen, die letztlich die Wurzel des Übels sind? Wer bitte ist denn dann die nicht zivilisierte Welt? Ist das nicht genau die Überheblichkeit, die die Wut hochkochen lässt? Unter dem Deckmantel des Schutzes und der Verteidigung von Demokratie und Freiheit, den Werten der westlichen Welt, werden diese Grenzen gezogen, diese Grenzen, die von den nicht dazugehörenden als so schmerzlich empfunden werden, dass sie den Einigungsprozess Europas als Entwicklung hin zu einer waffenklirrenden Festung erscheinen lassen.

Ich möchte nicht falsch verstanden werden: Auch für mich sind Demokratie und Freiheit Werte, die geschützt und verteidigt werden müssen. Viele von uns haben zu DDR-Zeiten dafür gekämpft. Aber ich bin der festen Überzeugung, dass diese Werte nicht notwendig Hand in Hand gehen müssen mit dieser unerträglichen Arroganz der wirtschaftlichen Macht, mit der Arroganz des Machbaren, mit den Niederhaltungsmechanismen des Wohlstandes. Es geht auch anders. Ich bin grundsätzlich davon überzeugt, dass Frieden, Gerechtigkeit und Bewahrung der Schöpfung möglich sind. Auch und gerade in Demokratie und Freiheit. Aber um dieses Ziel zu erreichen, werden auch von uns in den westlichen Ländern Lebenden deutliche Kursänderungen zu erwarten sein. Ich sage es biblisch mit dem

Spruch dieser Woche: Christus spricht: was ihr getan habt einem von diesen meinen geringsten Brüdern, das habt ihr mir getan. Auch diese Kursänderungen fangen bei uns an, und sei es in so kleinen Dingen, wie dem Kauf von fair gehandeltem Kaffee. Sie sind auch, aber nicht ausschließlich, zu erwarten von den Regierenden.

Und auch in einem zweiten Punkt möchte ich nicht missverstanden werden. Ich sage ganz deutlich, dass ich der Auffassung bin, dass nichts und niemand das vorgestern Geschehene rechtfertigen und entschuldigen kann. Auch nicht diese Überlegungen. Aber ich lege sie Präsident Bush ans Herz. Sie können zur Besonnenheit führen.

Der Geist der Kraft. Was bleibt zu tun? Ich habe in den bisherigen Abschnitten schon einige Handlungsfelder benannt, für die wir den Geist der Kraft brauchen und erbitten dürfen. Ich möchte diese Handlungsfelder zusammenfassen in einem dringenden Aufruf: kehren wir um zu einer wirklich gerechten Weltwirtschaftsordnung.

Der leitende Richter des Auerbacher Amtsgerichts, Herr Liebhaber, hat in einer Diskussionsrunde in der vorletzten Woche im Blick auf die Vorgänge an der Göltzschtalbrücke gesagt: Geben wir unseren Jugendlichen Arbeit – und wir haben keine Probleme mit ihnen. Manchmal enthalten auch die einfachen, pauschalisierenden Sätze eine tiefe Wahrheit. Und sie ist zu übertragen: Geben wir allen Menschen dieses Erdballs gleichermaßen Anteil an seinen Schätzen – und wir kennen das Wort „Terror“ nur noch aus den Geschichtsbüchern. Verstehen wir denn nicht, dass Armut und Benachteiligung die Brutstätten sind für Fundamentalismus und Fanatismus?

Hier ist unsere eigentliche Aufgabe. Als Menschheit wie als Einzelne. Erbitten wir den Geist der Kraft dazu. Lasst uns eine wirklich gerechte Weltordnung schaffen. Wenn wir das nicht leisten, wird die nächste Katastrophe die vorgestrige an Grausamkeit noch in den Schatten stellen. Als Christ glaube ich, dass es gar nicht so schwer sein kann. Denn ein guter Lebensentwurf ist uns vorgestellt in Gottes Wort. Allerdings ist es auch nicht aus dem Ärmel zu schütteln, wie 2000 Jahre Christentum zeigen. Es wird darauf ankommen, auf allen Ebenen daran zu arbeiten. Gott hat uns den Geist der Kraft, der Liebe und der Besonnenheit dazu gegeben. Daran glaube ich. Ich habe Hoffnung.

Lasst uns einstimmen in die grandiose Vision, die der Prophet Jesaja vor zweieinhalb Jahrtausenden hatte und die heute noch Ausdruck menschlicher Sehnsucht und Hoffnung ist: Es wird sein in den letzten Tagen...

Hochmut vs. Demut

Das Anerkennen der Wirklichkeit Gottes. 2004.

1. Petrus 5, 5

(5) Gott widersteht den Hochmütigen, aber den Demütigen gibt er Gnade.

Hochmut und Demut – 2 Worte, die, obwohl sie kaum noch im häufigen Sprachgebrauch sind, zumindest aber bekannt sind. Sie haben beide einen eigenartigen, negativen Klang. Es befremdet, dass beide hier sozusagen gegenübergestellt werden, als wären sie Gegensätze, als wäre ein Mensch, der nicht hochmütig ist, automatisch demütig und umgekehrt. Schauen wir uns die Worte einfach mal ein Stück näher an.

Hochmut ist deutlich eine negative Charaktereigenschaft. Ein hochmütiger Mensch ist ein unangenehmer Zeitgenosse. Er behandelt uns von oben herab, sein Egoismus lässt Menschen sich von ihm abwenden. Nein, mit einem Hochmütigen wollen wir lieber nichts zu tun haben. Erstaunlich ist aber, dass wir Hochmut meist nur bei anderen feststellen. Bei uns selbst ist das gar nicht so einfach, wir bemerken oft gar nicht, wenn wir uns hochmütig verhalten. Das liegt zum guten Teil daran, dass Hochmut in unserer Gesellschaft ein Stück weit salonfähig geworden ist. Die Menschen werden heute dazu erzogen, dass der Selbstwert eine große Rolle spielt. Ich muss mich verwirklichen, ich muss mich behaupten, ich muss für mein gutes Recht kämpfen – und nicht selten kommen dabei die berühmten Ellenbogen zur Anwendung. Trotzdem finden wir das bei den anderen immer noch unangenehm, was bei uns selbst manchmal schon zur Selbstverständlichkeit geworden ist.

Vielleicht liegt es genau an dieser Erziehung, dass uns die Demut ebenfalls suspekt erscheint. Aber diesmal genau andersherum. Wir wollen ja nicht demütig erscheinen, alles auf uns nehmen, zu allem Ja sagen, am besten immer mit gesenktem Kopf herumlaufen – während dessen diese Haltung bei einem anderen für uns manchmal ganz praktisch ist, wenn es darum geht, die eigenen Interessen durchzusetzen.

Wenn nun Petrus sagt, dass Gott die Demütigen den Hochmütigen vorzieht, dann muss wohl das Wort Demut noch etwas anderes bedeuten als den Verzicht auf die eigene Meinung, zu allem Ja zu sagen und mit gesenktem Kopf herumzulau fen! Auch wenn der Kirche und ihren Gliedern für Außenstehende manchmal genau dieser Geruch anzuhaften scheint: ich glaube nicht, dass das so gottgewollt ist. Er hat uns als aufrechte Menschen geschaffen, mit einem eigenen Willen, der sogar so weit gehen kann, dass man sich gegen ihn entscheiden kann.

Was also ist Demut? Ich glaube, es hat etwas mit dem Anerkennen der Wirklichkeit Gottes in seinem Leben zu tun. Hochmut wäre, zu sagen, ich schaffe alles aus eigener Kraft. Demut dagegen ist die Einsicht, dass der Segen Gottes bei dem, was mir gelingt, ein erhebliches Wörtchen mitredet. Beides muss zusammenkommen, mein eigenes Bemühen und Gottes Gnade. Das verhält sich zueinander wie die beiden Brennpunkte einer Ellipse. Das macht Leben unter der Wirklichkeit Gottes aus. Und das ist etwas anderes als ständig den Kopf gesenkt zu halten.

Als es im Predigerseminar vor nunmehr 13 Jahren darum ging, dass die ersten Stellen verteilt wurden, hatte ich großes Unverständnis für manche Kollegen, deren Vorstellungen so klar waren, dass es da für das Landeskirchenamt nur wenig Spielraum gab. Da sollte es unbedingt eine Großstadtstelle sein, ja nicht auf's Dorf – und manche kämpften da auch richtig, erhoben Einspruch gegen den Vorschlag des LKA! Ich hab' mir damals gedacht: ich weiß nicht, ob die auf ihrer so erstrittenen Stelle glücklich werden! Ich es nicht viel schöner, mit offenem Herzen auf das zuzugehen, was Gott für einen bestimmt hat? Mit viel Vorfreude und Staunen die Möglichkeiten entdecken, an die ich vorher nicht einmal im Traum dachte?

Nicht dass Sie mich falsch verstehen: Ich denke nicht, dass ich ein besonderes Vorbild eines demütigen Menschen abgebe – das wäre dann schon wieder Hochmut – nein, ich versuche lediglich auch in meiner Biografie zu erspüren, was dieses Bibelwort für mich austragen kann.

Das Nachdenken darüber hilft mir auch, mit der derzeitigen kritischen Situation der Kirche umzugehen. Zu allererst steht: Offen sein und gespannt sein, was Gott mit seiner Kirche vorhat. Das kann auch heißen, dass ich manches nicht gleich verstehe und an manchem auch leide. Aber es bleibt meine Kirche. Es bleibt mein Glaube. Der Glaube und die Kirche brauchen gerade in dieser Zeit meine Solidarität. Und noch mal: das heißt nicht, alles widerspruchslos hinzunehmen, was vom Landeskirchenamt kommt. Kritische Solidarität ist gefragt. Das Vertrauen auf den Segen Gottes darf nicht bewirken, dass ich nun alles stehen und liegen lasse, dass mein Mittun nicht mehr gefragt wäre. Ich darf, ja ich muss sogar meine Stimme erheben, wenn ich merke, dass Unrecht geschieht oder dass ein falscher Weg beschritten wird.

Das ist für mich Demut: Anerkennen, dass Gott der Herr der Geschichte und meines Lebens ist. Auf dieser Grundlage offen sein für das, was er für mich vorbereitet hat. Und dieses Leben aktiv mitgestalten.

In einer christlichen Jugendzeitschrift habe ich ein Gebet gefunden, das mir so gut gefallen hat, dass es seitdem an einer Pinnwand neben meinem Schreibtisch hängt. Es ist eigentlich für die Zeit nach dem Aufstehen gedacht, aber weil es so gut zum Thema passt, möchte ich es mit Ihnen beten:

Vater im Himmel, durchleuchte meine Pläne und wenn es nötig ist, dann durchkreuze sie. Pass bitte darauf auf, dass ich nichts aus falschen Motiven tue. Überprüfe bitte alles, was auf dem Terminkalender dieses Tages steht. Und hilf mir, das zu tun, was dir gefällt. Dir befehle ich mich, mein Reden, Denken und alles Tun an. Bitte pass gut auf mich auf. Amen.

Mein Siegeskranz

Andacht zum 60. Geburtstag eines Kirchvorstehers. 2012.

Offenbarung 3,11

(11) Ich komme bald. Halte fest, was du hast, damit niemand deinen Siegeskranz nehme!

Lieber Wolfgang,

vom Siegeskranz ist in deinem Konfirmationsspruch die Rede. Ein Siegeskranz ist zunächst mal eine sportliche Trophäe. Wer ihn bekommt, hat in seiner Disziplin andere hinter sich gelassen. Und das hat er erreicht durch hartes Training und manche Entbehrungen. Ich weiß, du bist sportlich interessiert und von daher sicher empfänglich für diese Sicht auf den Begriff „Siegeskranz".

Wird er heute überreicht? Zum 60. Geburtstag? Nach hartem Lebenstraining und manchen Entbehrungen? Nun, leicht war es sicher nicht immer. Du wurdest geboren in der kargen Nachkriegszeit, gerade mal 7 Jahre nach Beendigung des Krieges. Du wurdest geboren in eine christliche Familie hinein, zu einer Zeit, als die Partei gerade damit anfing, die Jungen Gemeinden als Sprachrohr des Klassenfeindes zu diffamieren. Nein, leicht war es nicht. Es gab für Christen so manche Entbehrung in deiner Lebenszeit und das Fest-Stehen im Glauben geriet so manches Mal zum harten Training.

Dieses kleine Wort aus der Apokalypse, gegen Ende des 1. Jahrhunderts nach Christus verfasst, soll die jungen Gemeinden angesichts der beginnenden Christenverfolgungen trösten und stärken. Den Christen wird zugesagt, dass ihr Gott die Geschichte der Völker zum Ziel führt, dennoch und trotz allem, was weltliche

Herrscher - zeitlich begrenzt - an Katastrophen in Gang setzen können. So widerstand man Verfolgung, Not und Armut, weil man immer mit dem Kommen des Herrn in der eigenen Lebenszeit rechnete.

An einem Tag, wie diesem, der wie geschaffen dafür ist, dass man Bilanz zieht, ist es gut, wenn wir einmal inne halten, zur Ruhe kommen und unsere Geschichte bedenken, ja, auch unsere kleine Lebensgeschichte, die immer hineingenommen ist in die große Weltgeschichte. Und es gibt manches, was uns da ängstigt, was uns klar macht, dass das Leben oft ein Kampf ist und das dies auch so bleiben wird. Aber diese Feststellung allein ändert die Welt nicht, es sei denn, ein jeder fängt bei sich selbst an, den Maßstäben zu folgen, die Gott uns vorgegeben hat. Allein auf dieses Anfangen kommt es an, das uns in unserem Glauben auf Gott zu bewegt und damit sofort auf den Menschen, der mir in meinem Lebensweg hinein gestellt ist.

Denn, und das ist das Entscheidende: Bei Gott gewinne ich den Siegeskranz nicht, indem ich andere hinter mir lasse. Bei ihm bekomme ich ihn unverdient, als Geschenk – und ich würde sagen: bei der Taufe. Seitdem hab' ich ihn – und muss nur noch darauf aufpassen, dass er mir nicht weggenommen wird. Und: jeder hat einen. Was paradox klingt, ist aber bei Gott tatsächlich so: Seit der Taufe sind wir alle Sieger. Ich muss nur festhalten, was ich habe. Wie schütze ich mich nun vor Diebstahl meines Siegeskranzes? Ganz einfach: indem ich mich im Sinne Jesu Christi anderen Menschen zuwende, für sie bete und ihnen helfe, wann immer sie Hilfe brauchen.

Lieber Wolfgang, dass das Gebet bei Dir einen großen Stellenwert hat, das wissen wir. Wir sehen es vor allem bei Deinem Engagement für das Gebet für die Stadt. Und die, die Dich kennen, wissen auch, dass die tätige Liebe denen gegenüber, die Dir anvertraut sind, bei Dir nicht zu kurz kommt. Deswegen lehne ich mich wohl nicht zu weit aus dem Fenster, wenn ich sage: Du hast deinen Siegeskranz noch. Und nun: halte weiter fest, was du hast. Damit du es auch im entscheidenden Moment vorweisen kannst. Denn Christus sagt: Ich komme bald.

Amen.

3. Predigten zu besonderen Anlässen

Der 11. September

Radio-Andacht zu Weihnachten. 2001.

Liebe Zuhörerinnen und Zuhörer im Vogtland, in Westsachsen und in Ostthüringen,

vor einigen Tagen ist das Wort des Jahres 2001 gekürt worden. Es ist diesmal eine Wortgruppe; sie lautet: „Der 11. September". Kein Rückblick kann es sich leisten, die Ereignisse dieses Tages zu übergehen. Aber gehören sie auch in eine Predigt am Heiligen Abend? Ja, ich glaube, Sie erwarten das. Man kann nicht kommentarlos zu dem „Friede auf Erden" übergehen, das heute auch in unserer Kirche wieder vom Verkündigungsengel in die Menge gerufen wurde. Sie glauben das nicht mehr. Sie wollen wissen, wie Krieg und Terror im Licht von Weihnachten zu sehen sind, oder besser wie die Weihnachtsbotschaft in der Dunkelheit von Krieg und Terror aussieht. Wo ist denn jener Friede, der vor 2000 Jahren den Hirten von Bethlehem verkündigt wurde? Schaut man sich die Geschichte seitdem an, so rechnet sich die Zeit, in denen nicht irgendwo eine kriegerische Auseinandersetzung stattfand, nicht einmal auf 100 Jahre. Ganz zu schweigen vom Frieden im Kleinen, in der Familie. Nein, wir glauben das nicht mehr. Aber: haben wir es denn jemals geglaubt? Wenn ja, warum haben wir dann nicht ernst gemacht damit? Warum haben wir dann nicht die Botschaft für uns gelten lassen? Jedes Jahr zu Weihnachten bekommen wir feuchte Augen von den Geschichten, die von unserem Traum von einer besseren Welt reden, im Übrigen glauben wir aber fest daran, dass dies ein Traum bleibt, dass der Friede auf Erden nicht hergestellt werden kann.

Aber der Sohn Gottes war kein Träumer. So hat es Heinrich Albertz einmal formuliert: „Ich bin, je älter ich werde, desto mehr überzeugt, dass seine Bergpredigt sehr viel nüchterner und praktischer und wahrhaftiger über diese Welt und uns Menschen Bescheid weiß als alle politischen und militärischen Programme."

Das heißt soviel wie: wir sind dran. Bisher haben wir das Weihnachtsfest dazu missbraucht, darauf zu warten, dass der verheißene Friede endlich kommt, zu uns, von außen, dass Gott mit starker Hand eingreift. Auf die Idee, selbst Hand anzulegen, dass Versöhnung, Feindesliebe und Friede unter uns Raum greifen, sind wir nicht gekommen. Im Gegenteil, wir kommen zu der irrwitzigen Annahme, dass es Gott nicht geben könne, wenn er Krieg, Streit und Hass unter uns zulässt.

Weihnachten erinnert uns auch dieses Jahr wieder daran, dass er für uns ein anderes Leben will. Sein Entwurf ist uns vorgestellt, seit 2000 Jahren. Noch wird er belächelt, verworfen, herausgeholt nur für ein paar träumerische Stunden im Dezember. Aber wenn wir ehrlich sind: Geht es denn anders? Haben wir denn eine andere Chance, als endlich damit Ernst zu machen? Den 11. September hätte es so nicht gegeben, wenn wir dem guten Lebensentwurf Gottes in uns Raum gegeben hätten. Wenn es uns zum Beispiel gelungen wäre, die Güter der Erde so zu verteilen, dass alle etwas davon haben.

Fangen Sie an. Heute. Beginnen Sie ruhig mit Versöhnung in der Familie. Das liegt am nächsten. Aber fangen Sie an. Wann, wenn nicht heute, verstehen wir.

Ich wünsche Ihnen ein in diesem Sinne aktives Weihnachtsfest.

Andreas Alders, Reichenbach, für Vogtlandradio

Brich dem Hungrigen dein Brot

Musikalische Vesper zu Kirchweih: Bachkantate 39. 2010.

Liebe Gemeinde,

Sie hören heute die Kantate BWV 39 „Brich dem Hungrigen dein Brot“. Obwohl J.S.Bach diese Kantate für den 1. So. n. Trinitatis komponiert hatte, nimmt ihr Thema Gedanken auf, die uns besonders am Kirchenjahresende beschäftigen: Angesichts der Ewigkeit ist es an uns, zu überlegen, wie wir uns mit unserem Leben hier und jetzt in geeigneter Weise darauf vorbereiten. Der Text der Kantate gibt darauf eine zweigeteilte Antwort: Die rechte Vorbereitung auf die Ewigkeit ist einerseits die tätige Hilfe dem Mitmenschen gegenüber und andererseits der Dank für Gottes Gaben. Der erste Aspekt, die Hilfe für den Mitmenschen, kommt besonders im ersten Teil der Kantate zum Tragen und gipfelt in dem Satz des Bass-Rezitativs: „Barmherzigkeit, die auf dem Nächsten ruht, kann mehr als alle Gab ihm an das Herze dringen.“

Im zweiten Teil wird dann ausgeführt, dass alle Liebe, zu der wir gegenüber unseren Mitmenschen fähig sind, von Gott kommt. Er hat uns zuerst geliebt und uns damit überhaupt erst dazu fähig gemacht. Das macht frei zu fröhlicher Dankbarkeit.

Ich wünsche uns allen beim Zuhören die Besinnung, die diese Gedanken, transportiert durch die fantastische Bach’sche Musik, in uns wach werden und Früchte tragen lässt.

Aber was hat nun das Kirchweihfest, das wir morgen feiern, mit dem Thema der Kantate, mit der Liebe und Fürsorge für den Bedürftigen, mit Barmherzigkeit zu tun? Es scheint auf den ersten Blick doch weit auseinander zu liegen. Geht es beim Kirchweifest nicht eigentlich um das Gebäude, um das Andenken an die Erbauer, den Stolz, den man empfinden kann, darüber, dass es nach hunderten von Jahren immer noch steht und dass sich darin auch in einer doch immer glaubensärmer werdenden Zeit immer noch eine Gemeinde versammelt?

Ich meine, dies sind alles gute Gründe, aus welchen man feiern kann. Aber es ist nicht der Hauptgrund für ein Kirchweihfest. Der Hauptgrund ist ein anderer. Es gibt ein Lied in unserem Gesangbuch, ein Lied, das gern zu Kirchweih gesungen wird und das wir auch morgen im Gottesdienst wieder singen werden. Die erste Zeile dieses Liedes gibt das Motto für ein Kirchweihfest wieder: „Die Kirche steht gegründet allein auf Jesus Christ." Diese Tatsache feiern wir. Das gilt – und deshalb kann auch eine Gemeinde Kirchweih feiern, die gar kein Kirchengebäude hat – oder auch eben eine Gemeinde, die wie wir davon sogar zwei hat, und sich trotzdem gemeinsam in einer der beiden Kirchen versammelt, um Kirchweih zu feiern. Denn wir feiern nicht das Gebäude, auch nicht den Erbauer und schon gar nicht unseren Stolz, etwas Großartiges geleistet zu haben. Wir feiern allein das Fundament, auf dem alles steht, was wir als Gemeinde tun: wir feiern Jesus Christus. Und jetzt wird auch klar, warum das Kirchweihfest doch soviel mit dem Thema der Kantate zu tun hat: wir feiern Jesus Christus, indem wir ihm nachfolgen, indem wir nach seinem Wort handeln, indem wir versuchen, wie er zu leben. Er hat uns von Gottes Liebe erzählt und davon, wie wichtig und notwendig diese Liebe für uns Menschen ist. Er hat uns auch gesagt, wie wir unsere Dankbarkeiten für diese Liebe zum Ausdruck bringen können. Indem wir nämlich diese Liebe weitergeben an die Menschen, die sie ebenfalls brauchen! Und das hat etwas mit unserem Tun zu tun. Und damit sind wir mitten in der Kantate: Brich dem Hungrigen dein Brot. Dass es seit 2000 Jahren eine christliche Gemeinde gibt, hat wesentlich damit zu tun, dass sie das tut: dem Hungrigen abzugeben, zu teilen, Barmherzigkeit zu üben. Täte sie das nicht, wäre ein großer Teil ihrer Glaubwürdigkeit, vielleicht sogar ihrer Existenzberechtigung dahin.

Das feiern wir – nicht voller Stolz auf Geleistetes im Rückblick – der Dienst der Liebe ist ohnehin nicht abrechenbar. Aber wir feiern es, um uns selbst dieses Fundamentes zu vergewissern und uns wiedetr neu vor Augen zu halten, was es heißt, auf diesem Fundament stehen zu dürfen! Die Diakonie, der Dienst der Liebe am anderen Menschen, zu dem wir durch die Liebe Gottes zu uns befähigt werden, ist eine der vornehmsten Aufgaben, wenn nicht sogar die vornehmste Aufgabe einer Gemeinde. Lassen wir uns dieses Kirchweihfest Anlass sein, uns daraufhin zu überprüfen. Uns selbst und uns als Gemeinde. Und gehen wir nötige Schritte. Ausgerüstet dafür sind wir: mit Gottes Liebe.

Komm, sag es allen weiter

Liedpredigt (EG 225). 2012.

Liebe Gemeinde,

Bitte schlagen Sie das nächste Lied auf, die Nr. 225, und lassen Sie es am besten während der Predigt aufgeschlagen, damit Sie immer wieder mit den Augen am Text bleiben können und natürlich, weil wir es zwischendurch strophenweise singen werden.

Luthers Lieder – so heißt die Reihe, die wir dieses Jahr in lockerer Folge in den Predigten anbieten – aber von Luther ist dieses Lied nun wahrlich nicht. Den Text hat Friedrich Walz geschrieben, als Luther schon 418 Jahre tot war und bei der Musik stellt man sich amerikanische Negersklaven vor, die singend in die Baumwollplantagen ziehen. Was also hat dieses Lied in dieser Reihe zu suchen?

Zunächst mal können wir sagen: es geht natürlich vornehmlich um Luthers Lieder, aber auch um Lieder, die in seiner Tradition stehen. Die den gleichen Geist zum Ausdruck bringen, die auch von ihm hätten stammen können. Aha, jetzt kommen wir der Sache schon näher. Dies ist übrigens in der Antike eine durchaus legitime Vorgehensweise gewesen. Wir wissen heute, dass einige der Paulusbriefe gar nicht von Paulus geschrieben wurden, sondern von seinen Schülern. In seiner Tradition, in seinem Geist, so, dass sie hätten von ihm stammen können. Heute sehen wir das ein bisschen anders, heute ist das Urheberrecht ein geschützter Wert – und wenn man dagegen verstößt, dann kann es auch schon mal einem Minister an den Kragen gehen, wie wir unlängst erlebt haben. Ach hätte Herr von Guttenberg nur zu Paulus Zeiten gelebt…

Sie merken schon, ich habe noch nicht einmal richtig angefangen und komme schon vom Thema ab. Zurück also zum Lied – ich denke, es wird uns nicht schwerfallen, es in die Tradition Martin Luthers hineinzustellen. Wir singen zunächst den Refrain, die erste Strophe und wieder den Refrain.

Refr., 1., Refr.

Komm, sag es allen weiter, ruf es in jedes Haus hinein! Komm, sag es allen weiter: Gott selber lädt uns ein.

Sein Haus hat offne Türen, er ruft uns in Geduld, will alle zu sich führen, auch die mit Not und Schuld.

Komm, sag es allen weiter, ruf es in jedes Haus hinein! Komm, sag es allen weiter: Gott selber lädt uns ein.

Komm, sag es allen weiter, ruf es in jedes Haus hinein! Wes das Herz voll ist, des geht der Mund über! Will sagen: Wenn mir etwas Schönes widerfährt, mich etwas so beschäftigt, begeistert, dass ich darüber wirklich große Freude empfinde, dann muss ich das auch erzählen! Das muss jeder hören, dass ich verliebt bin, einen Lottogewinn gemacht, einen Wettkampf gewonnen habe. Dann renn' ich durch die Straßen, reiße jede Haustür auf und rufe: Hey, Leute, freut euch mit mir!

Das war übrigens zu Luthers Zeiten gang und gäbe, so verbreiteten sich die Nachrichten. Heute würden wir vermutlich etwas in die Zeitung setzen, wenn wir wollten, dass alle sich mit uns freuen. Als Sebastian Hendel vor einigen Wochen deutscher Jugendmeister geworden ist, da hab' ich auch gleich den OBM angerufen und es weitergesagt, weil ich mich so mit ihm gefreut habe.

Und nun schauen wir darauf, was wir in jedes Haus hineinrufen sollen, was wir weitersagen sollen: Gott selber lädt uns ein. Es geht also um eine Einladung. Okay, das ist etwas angenehmes. Wir lassen uns gern einladen, zu einem schönen Essen, zu einem Ball, ins Kino... Wenn der Gastgeber ein angenehmer Zeitgenosse ist, dann freuen wir uns drauf und erzählen das auch gern weiter.

Wenn Jesus über Gott spricht, dann stellt er ihn gern als den großen Gastgeber dar, und die Begegnung mit ihm als großes Festmahl. Wir werden mit ihm zu Tisch sitzen und miteinander essen und trinken, feiern und fröhlich sein. Nicht die unangenehmste Vorstellung von Gott, die man haben kann. Kein Gott, der straft und richtet, kein Gott, vor dem man sich ducken und Angst haben müsste, nein, einer, dem es darauf ankommt, dass wir alles haben, was wir zum Leben brauchen und bei dem auch die Freude und der Genuss nicht zu kurz kommen. Und das hätte Luther auch so sagen können! Er war auf der Suche nach dem gnädigen Gott und kam zu dem Schluss, dass wir uns anstrengen können wie wir wollen – dadurch, durch unsere Leistung ist Gott nicht gut zu uns. Wir können's nicht verdienen. Nein, er ist es, weil er es von Herzen will, deswegen schenkt er es uns ohne Vorleistungen, deswegen lädt er alle zu sich ein!

Das sollen wir weitererzählen, weil es die manchmal ziemlich verschrobenen Gottesvorstellungen mancher Zeitgenossen wieder etwas zurecht rückt. Aber auch, weil es Gott die größte Freude macht, wenn sein Haus voll ist! Deswegen macht er seine Türen weit auf, schließt sie nie zu, lädt jeden ein: Komm, sag es allen weiter!

Der Auftrag zum Weitersagen der Frohen Botschaft ist unsere vornehmste Aufgabe, seit wir von Christus selbst dazu beauftragt worden sind. Eigentlich ganz einfach, geht doch ganz wie von selbst, möchte man meinen, wenn das Herz voll ist! Aber so einfach ist es dann doch auch wieder nicht. Mission und Missionseifer kann manchmal eigenartige Blüten treiben. Über die Völker Lateinamerikas wurde Gottes Wort im Mittelalter mit Feuer und Schwert gebracht. Erstaunlich, dass sie es überhaupt angenommen und bis heute bewahrt haben. Oder in unserer Zeit gibt es Sekten und charismatische Gemeinschaften, die sich mit ihrer Botschaft auf die Marktplätze unserer Städte stellen und dabei nichts weiter bewirken, als sich der Lächerlichkeit preiszugeben. Nein, wie macht's Gott denn selber? In der ersten Strophe steht's: Er ruft uns in Geduld! In Geduld! Das heißt doch wohl, dass auch wir diese Geduld aufbringen müssen. Ganz schön schwer, nicht? Da haben wir nun schon mal jemandem von unserem Glauben erzählt, aber er hat's offenbar nicht begriffen. Also gut, geben wir's auf, hat doch ohnehin keinen Sinn. So läuft's doch immer, oder?

Mission, ja, aber in Geduld! Wie geht das? Der klügste Satz dazu ist immer noch der: „Erzähle nicht ständig von deinem Glauben, aber lebe so, dass man dich danach fragt!" Mit meinem Leben, meiner Haltung, mit meinen Werten, mit meiner Nächstenliebe kann ich – ohne zu reden – es allen weitersagen, es in jedes Haus hineinrufen. Ich muss mich dabei nicht unter Druck setzen, es zählt vor Gott ganz bestimmt nicht die Anzahl der von mir geretteten Seelen. Und wenn Gott die Geduld aufbringt, warten zu können, bis einer alt und grau ist, dann sollten wir dies auch tun. Und Menschen nicht voreilig abschreiben. Alle möchte Gott an seinem Tisch haben. Auch die, die schuldig geworden sind. Er schlägt keinem die Tür vor der Nase zu – also sollten wir das auch nicht tun. Jeder hat die Chance zum Neubeginn. Das bedeutet nicht, dass Schuld unter den Teppich gekehrt wird, nein. Sondern Neubeginn setzt einen Dreischritt voraus: Schuld erkennen, sie bekennen und sich ändern. Aber dann ist der Neubeginn absolut und unwiderruflich. Diese Chance ist in der Einladung Gottes an seinen Tisch mit enthalten.

Und wir singen den Refrain, die 2. Strophe und wieder den Refrain.

Refr., 2., Refr.

Komm, sag es allen weiter, ruf es in jedes Haus hinein! Komm, sag es allen weiter: Gott selber lädt uns ein.

Wir haben sein Versprechen: Er nimmt sich für uns Zeit, wird selbst das Brot uns brechen, kommt, alles ist bereit.

Komm, sag es allen weiter, ruf es in jedes Haus hinein! Komm, sag es allen weiter: Gott selber lädt uns ein.

Wir haben sein Versprechen. Überall nachzulesen, vor allem in den Gleichnissen und Bildern, die Jesus uns über seinen Vater vorgestellt hat. Er nimmt sich für uns Zeit. Ein seltenes Bild für Gott. Eine Krankenhaus- oder Pflegeheimsituation taucht vielleicht vor unserem Auge auf, eine Situation, in der wir manchmal schmerzlich vermissen, dass jemand Zeit für uns hat. Denn wir wissen, wie wichtig das ist, gerade auch in Krisensituationen, aber beileibe nicht nur da! Auch wenn wir glücklich sind, ist es schön, wenn sich jemand für uns Zeit nimmt, damit wir unser Glück teilen können. Geteilte Freude ist doppelte Freude und geteiltes Leid ist halbes Leid – diese Erfahrung können wir immer wieder machen, wenn sich jemand für uns Zeit nimmt. Und genau das bietet Gott uns an. Er drängt es nicht auf, zwingt uns zu nichts, gibt es nur, insofern wir es auch in Anspruch nehmen. Und diese Zeit, die er für uns hat, nutzt er umfassend. Nicht nur zum Zuhören. Das allein ist schon viel, nein, er wird selbst das Brot uns brechen – miteinander essen also, das macht Gemeinschaft noch einmal viel intensiver. Ich rede ja mit vielen Leuten, aber würde ich auch mit allen essen? Da suche ich mir doch noch einmal die sympathischsten heraus. Eine solche intensive, sympathische Beziehung ist es aber, die Gott sich mit jedem von uns wünscht und die er darum jedem von uns anbietet. Wir hören natürlich in dem Satz „wird selbst das Brot uns brechen" noch einmal mehr, indem wir an das Abendmahl denken, indem er sich selbst austeilt, sich selbst verschenkt. So nimmt sich Gott für uns Zeit: er hört zu, er isst mit uns, er verschenkt sich selbst an uns.

Wir singen den Refrain, die 3. Strophe und wieder den Refrain.

Refr., 3., Refr.

Komm, sag es allen weiter, ruf es in jedes Haus hinein! Komm, sag es allen weiter: Gott selber lädt uns ein.

Zu jedem will er kommen, der Herr in Brot und Wein. Und wer ihn aufgenommen, wird selber Bote sein.

Komm, sag es allen weiter, ruf es in jedes Haus hinein! Komm, sag es allen weiter: Gott selber lädt uns ein.

Noch einmal betont das Lied das Allumfassende der Liebe Gottes: Zu jedem will er kommen. Die Richtung scheint umgekehrt im Vergleich zum ersten Vers: Will alle zu sich führen. Aber das ist nur ein scheinbarer Widerspruch. Das Ziel bleibt der große Tisch im himmlischen Festsaal. Zu jedem will er kommen, verstehe ich dann so: Er überbringt uns seine Einladung persönlich. Jeder Einzelne ist ihm so wichtig, dass er sich persönlich um ihn kümmert. Und man kann diesen Richtungswechsel auf so interpretieren: Beides gilt: Gottes persönliches Aufsuchen des Menschen, wo auch immer er sich befindet und sein Sich Zeitnehmen für uns – und die große Gemeinschaft aller Menschen, Völker und Rassen an seinem Tisch. Gott ist für mich persönlich wie für alle anderen da. Er ist in beiden Situationen, an meinem Bett im stillen Kämmerlein wie im himmlischen Festsaal am Kopfende des Tisches der Herr in Brot und Wein, der sich uns verschenkt, der mit uns feiert.

Und wer das verstanden hat, wer diese Befreiung, die sich darin verbirgt, einmal am eigenen Leib gespürt hat, der geht los, der sagt es weiter, der ruft es in jedes Haus hinein, weil ihm der Mund übergeht, weil ihm das Herz voll ist. Der ist selber Bote. Er hat dabei diese Geduld, die Gott selbst auch aufbringt, aber er wird ein Leben lang die Gewissheit haben, selbst mit am Tisch zu sitzen und es wird ihn nicht loslassen, auch andere Menschen, besonders die, mit denen ihn ein besonderes Band verbindet, mit dazu einzuladen.

Insofern sind wir selbst Gottes Stimme, denn er selber ist ja der Einladende. Nehmen wir selbst seine Einladung an und geben wir sie weiter. Es lohnt sich; es wird ein großes Fest. Amen.

An Gottes Segen ist alles gelegen

Weihnachtsausstellung auf der Burg Mylau: „Religion und Frömmigkeit im Haus". 2012.

Seien Sie alle herzlich willkommen zur Eröffnung unserer Weihnachtsausstellung „An Gottes Segen ist alles gelegen" - Religion und Frömmigkeit im Haus.

Religion und Frömmigkeit ist in unserer Zeit eher etwas, von dem wir nicht viel Aufhebens machen, das wir für uns allein haben, in unserem Herzen tragen, wie wir sagen. Ein Mensch unserer Zeit würde niemals seine religiöse Haltung nach außen tragen, er liefe Gefahr, als Spinner zu gelten. Unsere Zeit ist nüchtern, nicht schwärmerisch.

Damit unterscheiden wir uns doch deutlich von vorangegangenen Generationen. Eine figürliche Darstellung von Frömmigkeit war früher selbstverständlich. Bibelsprüche über Hauseingängen, Segensworte auf dem Brotteller, Marien- oder Engelstatuen auf dem Kaminsims, Jesusbilder über dem Bett, oft romantisch verklärt, sie hatten nichts vom leidenden Gekreuzigten, eher war Jesus als der gute Hirte Thema dieser Bilder – dies alles gehörte wie selbstverständlich zum Leben unserer Vorfahren dazu.

Es ist die Weihnachtszeit, die einiges dieser Traditionen in unsere Zeit hinübergerettet hat, denken wir nur an Engel und Bergmann, die auch heute noch bei Mahlzeiten zu den Heiligen Abenden, von denen es übrigens drei gibt, nicht fehlen dürfen.

Aber es sind nicht nur die figürlichen Darstellungen, die die Hausfrömmigkeit prägten. Es sind auch die sprachlichen Äußerungen, die die Selbstverständlichkeit verloren haben. So war das Tischgebet, die Morgenandacht, das Gebet mit den Kindern vor dem Schlafengehen, bis hin zur Hausmusik nicht nur Tradition, sondern gelebter Glaube. Und auch hier ist es die Weihnachtszeit, die das Zeug dazu hat, diese Sprachfähigkeit in religiösen Dingen wieder zu beleben. Vielleicht auch deswegen, weil sie in der Lage ist, ein ganz besonderes Sehnsuchtsgefühl im Menschen anzusprechen, eine Sehnsucht nach etwas das bleibt bei aller Vorläufigkeit, der wir in dieser Welt ausgesetzt sind.

Lassen wir uns ruhig inspirieren von der Selbstverständlichkeit unserer Vorfahren in solchen Fragen zu sprechen und Dinge sprechen zu lassen. Möge diese Ausstellung, zu der auch die zauberhafte Spielzeugsammlung von Sabine Fischer aus Mylau gehört, dazu beitragen, dass wir selbst Worte finden, für das, was uns berührt, was wir glauben, was wir hoffen. Ich wünsche dieser Ausstellung in diesem Sinne viele Besucher mit offenen Herzen.

Krippenspiel – traditionell oder modern?

Heilig Abend. 2000.

Liebe Christvesperbesucher,
In der Zeit vor Weihnachten erreichen mich immer wieder Anrufe. Manche Anrufer fragen nach der Zeit der Christvesper und beschweren sich dann auch hin und wieder darüber, dass es jedes Jahr zwischen 16 und 17 Uhr wechselt, einige aber haben durchaus auch konkrete Vorstellungen darüber, wie das Krippenspiel zu

sein habe. Traditionell muss es sein, so lautet die häufigste Forderung. Aber was ist darunter zu verstehen? Also, die reine Geschichte soll erzählt werden. Hirten und Engel sollen auftreten, die drei Weisen und natürlich Maria und Josef. Und macht nicht wieder so einen sozialkritischen Quatsch. Und die Ausländerproblematik hat nun wirklich nichts in einem Krippenspiel zu suchen. Auch in der Gemeindebefragung, die wir im Sommer und Herbst durchgeführt haben, gab es einige solche Stimmen. Natürlich weiß ich, dass das nicht repräsentativ ist. Es gibt sicher ebenso viele, die sich gerade zu Weihnachten von einem aufgeworfenen Problem anreden lassen und darüber nachdenken. Wie soll ich damit umgehen? Soll ich mich beruhigt zurücklehnen und sagen: allen Leuten recht getan ist eine Kunst, die niemand kann, und ihnen einfach etwas vorsetzen, von dem ich glaube, es sei ganz nett? Nein. Ich will mich mit dem Phänomen beschäftigen.

Zuerst will ich sie fragen: wie geht es Ihnen heute mit diesem Krippenspiel, das zum ersten Mal in Reichenbach aufgeführt wurde? Hirten waren dabei und Engel, Könige und natürlich Maria und Josef. Es gibt Tausende Krippenspiele. Und glauben Sie mir, ich habe schon in etlichen selbst mitgespielt, in denen die Thematik derart verfremdet war, dass die eigentliche Geschichte kaum noch sichtbar wurde. Also haben wir heute eher ein traditionelles gesehen. Ja, aber es waren auch störende Elemente dabei. Die Gewaltsszene zu Beginn, als die Hirten vertrieben wurden - muss das so deutlich dargestellt werden? Oder das Auftreten einer Dirne, das hat in einer Kirche im allgemeinen und in einem Krippenspiel im besonderen nun wirklich nichts zu suchen.

Es ist schon erstaunlich, wie genau viele wissen, was etwas in einer Kirche zu suchen hat und was nicht. Ich versuche, mir das zu erklären. Es hängt mit den Erwartungen zusammen. Wenn ich das ganze Jahr über unter dieser unheilen

Welt leide, unter Unfrieden und Hass, unter dem täglichen Kleinkrieg in der Familie, in der Nachbarschaft oder auf Arbeit, wo jeder sich selbst der Nächste ist und der Mensch dem Menschen zum Wolf wird - da darf ich doch bitteschön zu den wenigen Anlässen, zu denen ich eine Kirche besuche, erwarten dürfen, dass es da nicht genauso weitergeht, sondern dass da wenigstens mein Bedürfnis nach einer heilen Welt für wenige Stunden bedient wird. Ehe ich wieder raus muss, in die Welt, die sich ja doch nicht ändert. Und von Weihnachten wird genau das erwartet. Auch von Menschen die nicht in die Kirche gehen. Einmal raus. Einmal sich berühren lassen von dem vagen Gefühl, dass es auch anders gehen könnte. Und mit diesen Erwartungen beladen wir unsere Weihnachtsbäume und wundern uns dann, wenn sie umfallen, weil sie es einfach nicht tragen können. Wir wundern uns, wenn es dann doch wieder passiert, gerade an Weihnachten, dass die Familie sich streitet - obwohl wir doch so intensive Vorbereitungen getroffen haben, dass das nicht passiert. Obwohl doch so viele Geschenke gekauft wurden, wobei genau darauf geachtet wurde, dass keiner mehr hat als der andere.

Es gibt sicher Familien, in denen passiert es jedes Jahr, und doch hoffen sie alle Jahre wieder auf das Gleiche. Es muss doch möglich sein, dass es uns einmal gelingt, dass es einmal anders wird, wenigstens für ein paar Tage an Weihnachten, wenigstens für ein paar Minuten in der Kirche. Ja, ich kann verstehen, dass da ein sozialkritischer Touch im Krippenspiel eher stört. Und ich will das auch gar nicht schlecht reden. Wenn Sie heute hier sind, aus diesem Gefühl heraus - einmal raus, heile Welt, wenigstens jetzt - dann ist es gut, dass Sie hier sind. Denn es zeigt, dass sie sich die Hoffnung, dass diese Welt durchaus menschenfreundlicher funktionieren könnte, irgendwo tief in ihrem Herzen erhalten haben. Das ist gut. Wie viele Menschen haben selbst das nicht mehr.

Aber nun bitte ich Sie, mit mir noch einen Schritt weiter zu gehen. Im Grunde wissen wir es alle, auch wenn wir es uns nicht eingestehen: es kann nicht nur um ein paar Tage zu Weihnachten, um ein paar Stunden am Heiligen Abend oder um ein paar Minuten in der Kirche gehen. Das ist der Fehler, den wir seit Jahrhunderten machen, dass wir unsere Erwartungen von einem menschlicheren Leben nur auf dieses Fest projizieren, Ihnen im täglichen Leben aber keine Chance geben. Aber dafür ist Gott nicht auf diese Welt gekommen, dass wir seine Friedensbotschaft drei Tage im Jahr ausprobieren. Dafür ist Jesus nicht geboren worden, nur um unsere Eiapopeia-Weihnachtserwartungen zu bedienen. Sondern er ist die Erfüllung unserer Erwartungen schlechthin. Er hat es uns vorgestellt, das andere Leben. Er will uns aufrütteln, rausholen aus unseren oftmals so bedrückenden Lebenszusammenhängen. Deswegen legen wir in Krippenspielen den Finger auch auf Wunden. Es soll stören, ja. Heilsam stören. So das wir sagen: so nicht. Heute nicht und niemals.

So ist Weihnachten alle Jahre wieder der Aufruf zur Umkehr. Dass ich an dieser unheilen Welt leide, soll nicht verdrängt werden. Es soll gezeigt werden. So gezeigt werden, dass ich dieses Jahr endlich verstehe: es reicht nicht, an dieser Welt zu leiden. Wenn ich will, dass sie heil wird, dann muss ich bei mir selber anfangen. Dann muss ich mich ändern. Dafür ist Gott in diese Welt gekommen. Dafür ist das Kind Jesus in diese Welt gekommen: dass wir seine Worte hören und in unserem Leben umsetzen. Zu unserem und dieser Welt Heil.

Ich freue mich auf Ihre Rückfragen. Am Telefon und nach den Gottesdiensten. Amen.

Weitblick

Berggottesdienst auf dem Hochfelln-Gipfel. 1999.

Liebe Berggottesdienstbesucher,
Für diesen Gottesdienst hier am Hochfelln-Gipfel habe ich mir ein bergtypisches Thema gewählt: das Thema Weitblick. Und in der Tat: weit kann man blicken von hier oben, bis zum Chiemsee im Norden und bei klarem Wetter auch bis zum Großglockner im Süden. Und Menschen kommen hier herauf, um weit zu blicken, um diese Möglichkeit des weiten Blickes einmal zu genießen, denn die Gelegenheit dazu ist selten geworden. In den Häuserschluchten der Großstädte können wir gerade mal die nächste Straßenecke sehen und die Geschwindigkeit des Autoverkehrs zwingt uns, konzentriert nach vorn zu schauen und eventuell mögliche Seitenblicke auf die sich rechts und links weitenden Schönheiten der Landschaft zu ignorieren.

Der Weitblick gebietet Ruhe, Andacht. Er kann nicht einfach eben mal aufgefangen werden und dann wendet man sich gleich wieder anderen zu. Er will genossen werden, tief in sich aufgenommen. Auch hierbei bestätigt sich, dass er selten geworden ist. In einer Zeit, die als schnelllebig beschrieben wird, hat es der Weitblick schwer. Und noch eines charakterisiert den Weitblick: er spricht Schichten unseres Seins an, die tief in uns verborgen liegen. Oberflächlich kann man ihn nicht genießen. Er versetzt die Seele in Schwingungen. Man fühlt sich berührt von etwas Großem.

Kein Wunder, dass die deutsche Sprache auch eine übertragene Bedeutung für das Wort Weitblick kennt. Sie bezieht es auf den Menschen und auf seine Fähigkeit, vorausschauend zu denken und zu planen. Weitblickend wird der genannt, der den zweiten Schritt bedenkt, bevor er den ersten geht. Der, der zuerst die Kosten genau überschlägt, bevor er mit dem Hausbau anfängt. Der, der wirklich sinnvolle Vorsorge betreibt für sich und die kommende Generation. Der ist wirklich vorausschauend, weit blickend, der sein Handeln immer wieder befragt auf die Konsequenzen hin - für sich, für seine Nächsten, für die ganze Umwelt.

Den Weitblick zu haben ist also durchaus eine gute, begrüßenswerte Eigenschaft eines Menschen. Aber nun ist es ja nicht so, dass man Menschen mit Weitblick allerorten fände, dass es sie gäbe, wie Sand am Meer. Sind sie auch selten geworden? Manchmal glaube ich schon, dass wir uns den Gedanken an kommende Zeiten und ihre Gestaltung genauso selten gönnen wie dem Blick von einem Berggipfel. Es wird doch häufig in den Tag hinein gelebt, Jugendliche wollen das Heute gestalten, so, als wenn es das letzte wäre, was gestaltet werden müsste, was danach kommt interessiert mich nicht, nach mir die Sintflut. Heute will ich genießen, heute lebe ich - und morgen sehen wir weiter. Selbst von den Politikern, von denen man eigentlich erwarten dürfte, dass sie weit blickend denken, vermisst man die Konzepte, die zukunftsweisenden Gestaltungen. Ratlosigkeit macht sich breit. Resignation und dumpfes Verharren in einem "Was-können-wir-schon-tun". Wo sind die Martin Luthers, die selbst wenn morgen die Welt unterginge, noch ein Apfelbäumchen pflanzen würden? Weitblick muss heute eine ethische Größe sein, ein Wert, den es zu vermitteln gilt. Der Philosoph Hans Jonas hat das versucht, indem er sagte: lebe so, dass du dein Handeln und seine Folgen auch vor der Generation deiner Enkel und Urenkel noch verantworten kannst.

Christen versuchen dies mit dem Instrument des sogenannten konziliaren Prozesses, in dem sie eintreten für Frieden, Gerechtigkeit und Bewahrung der Schöpfung. Sind Christen weitblickender als andere Menschen? Haben Sie an dieser Stelle irgendeinen Vorzug? Nun, zunächst ist zu beobachten, dass Christen ganz normale Menschen sind, Menschen, die den Strömungen des Zeitgeistes genauso unterliegen wie andere. Auch bei uns spüre ich oft Ratlosigkeit und Resignation. Aber ich glaube, dass Christen die besten Voraussetzungen mitbringen, um dem Weitblick eine Chance zu geben. Ich sagte vorhin, dass der Weitblick Ruhe und Andacht geböte. Immerhin Dinge, die uns vertraut sind. Ruhe, Andacht, Meditation, Nachdenken über die Dinge - ohne dies wird es wohl nicht gehen. Wichtig ist, dass man dabei nicht nur bei sich selbst bleibt, sich "so seine Gedanken“ macht, sondern dass man bereit ist zum Hören, zum Aufnehmen dessen, was einem gesagt wird. Deswegen meditieren Christen auch nicht zum Selbstzweck, so wie es östliche Religionen tun, sondern sie tun es mit der Bibel, sind offen für Gottes Wort, lassen sich von ihm seinen Lebensentwurf für uns sagen, der weit über das hinausgeht, was wir heute vorfinden. Kein Weitblick kann grandioser sein als der, der im Bewusstsein dessen geschieht, dass Gott für uns ein Leben bereithält, in dem es all das, was das Leben hier so schwer macht, nicht mehr gibt. Wer das wirklich an sich heranlässt, bei dem setzt es Kräfte frei, die unglaublich sind. Und die Fähigkeit zum Weitblick, zum Vorausdenken, zur Vision.

Wer den Weitblick von hier oben genießt, der spürt, dass die Welt die weitblickenden Menschen braucht. Dringend. Dass bei uns noch vieles im Argen liegt, dass vieles angepackt werden muss, um Gottes gutem Lebensentwurf ein Stückweit entgegenzukommen. Die kleinen Arbeiter dafür sind oft wichtiger als die, die sich zu großen Visionären aufschwingen. Die, die Frieden stiften und halten im eigenen Umfeld, die, die sich für Gerechtigkeit einsetzen und nicht einfach wegsehen, wenn Unrecht geschieht, die, denen Gottes Schöpfung etwas bedeutet und die sich dafür einsetzen, dass sie sehr gut bleibt, so wie es Gott gesagt hat - und wenn sie nur den Müll trennen und hin und wieder aufs Auto verzichten - sie sind die Weitblickenden unserer Zeit. Und wenn wir die Aussicht von hier oben genießen, dann dürfen uns solche Gedanken durch den Kopf gehen. Und ich bin sicher, dass uns da jede Menge einfallen kann und wird. Dazu helfe uns Gott.

Gipfelerlebnis

Berggottesdienst auf dem Hochfelln-Gipfel. 1999.

Liebe Berggottesdienstgemeinde,
Sie sind aus unterschiedlichen Motiven heute hier. Einige von ihnen sind zufällig hier vorbeigekommen, vielleicht schon frühzeitig losgewandert, vielleicht mit der Seilbahn heraufgekommen, um von hier oben eine Wanderung zurück ins Tal zu beginnen. Und vielleicht haben Sie sich einladen lassen vom fröhlichen Gesang oder von den Hinweisschildern. Andere wiederum haben von einem Berggottesdienst gehört oder gelesen und sind ganz bewusst deswegen heute hier, um das einmal mitzuerleben, um das Besondere eines solchen Gottesdienstes einmal ganz bewusst in sich aufzunehmen.

Wie unterschiedlich die Motive auch sind, eines verbindet uns alle. Die Liebe zum Berg, die Freude an der Ursprünglichkeit der Natur, oder anders ausgedrückt: das

Gefühl, dass das hier oben etwas ganz anderes ist als ein Rastplatz an der Autobahn. Beim Blick auf den Chiemsee oder auf die imposante Bergwelt gegen Süden überkommt uns ein Gefühl, dass ich mit einem alten Wort beschreiben möchte, dem Wort Ehrfurcht. Wie können wir das übersetzen? Ehrfurcht ist ein Innehalten, ein Akzeptieren der Großartigkeit eines Momentes, eines Ortes oder auch einer Person. Wir spüren, dass diese Großartigkeit alles in den Schatten stellt, uns selbst, mit unseren oft so übermächtigen Alltagssorgen. Wir spüren, dass wir doch recht klein sind als Menschen, unbedeutend. Aber seltsam, wir begehren nicht dagegen auf, fühlen uns nicht klein gemacht, sondern sind froh, es einmal so zurechtgerückt sehen zu können. Dankbarkeit kommt auf. Endlich sind die Dinge wieder gerade. Endlich einmal stehe ich nicht selbst im Mittelpunkt meiner Gedanken und meiner Verrichtungen, sondern etwas anderes, etwas Großes, zeigt mir den Stellenwert der Dinge.

Ich glaube, dass Ehrfurcht etwas Wichtiges ist für uns. Es ist gut, sich von Zeit zu Zeit zurechtrücken zu lassen. Die Dinge an ihren angestammten Platz zu stellen. Sich einmal zu fragen: was ist mir bisher groß und wichtig erschienen? Und ist es das wirklich?

Ich glaube, dass man nicht religiös sein muss, um dies so zu erleben, wie ich es beschrieben habe. Aber indem man es so erlebt, erlebt man auch ein Stück eigener, persönlicher Religiosität. Denn nichts anderes ist das Gefühl der Ehrfurcht, abzusehen von seiner eigenen Kraft, zu verharren, zu staunen vor etwas, das größer ist als ich, dass es wert ist, geehrt zu werden. Natur so zu erleben heißt auch, sie zu lieben und mit ihr zu leiden. Wahrzunehmen, wo und in welcher Intensität ihr Gewalt angetan wird und wie viel ich selbst dazu beitrage.

All das können auch Nichtchristen erleben. Und nicht wenige spüren auf einem Berg wie diesem, wenn sie die Weite atmen und das Gefühl der Ehrfurcht aufkommt, dass dies alles nicht zufällig ist. Dass dem allen ein Sinn innewohnt, eine Ordnung, die gut und weise ist. Und nicht wenige kommen über ein solches elementares Naturerlebnis zu Gott, zu dem, der dies alles so und nicht anders gewollt hat. Es ist nicht einfach nur Natur, in Jahrmillionen gewachsener Fels, auf dem wir stehen. Sondern dem allen wohnt ein Schöpferwille inne. Da hat jemand gesagt: Es werde. Und danach: Es ist sehr gut. Wenn Natur auch nicht alles ist, womit wir Gott verbinden können, bei weitem nicht alles, so ist sie doch ein Ort, wo Begegnung mit Gott geschehen kann. Wo wir Gottes Nähe ganz intensiv spüren können. Und wer sich darauf einlässt, der wird merken, dass da noch vieles mehr ist, etwas, das über das reine Naturerlebnis weit hinausgeht. Wenn wir über den Wolken unsere Sorgen für kurze Zeit vergessen können, wenn sie kleiner werden durch die Ehrfurcht vor der Größe der Schöpfung, so ist bei Gott noch viel mehr möglich. Die Sorgen kommen im Alltagsgeschäft wieder. Bei Gott ist Vergebung möglich. Auslöschen von Schuld. Er möchte, dass ich alles, was mich belastet, nicht nur kurzzeitig, sondern wirklich, endgültig hinter mir lasse.

Und so kann ein solches Bergerlebnis auch über sich selbst hinaus weisen auf den, der dahinter steht. Der bezeugt wird von einer Gemeinde in den Liedern, die sie singt und in den Gebeten, die sie spricht. Das kann und soll uns beim Abstieg begleiten. Es ist eben nicht so, dass da unten im Tal wieder der Alltag auf uns wartet, dass unser Gipfelerlebnis zwar schön aber doch vergänglich war. Dass da nur eine vage Erinnerung bleibt, eben ein Berg mehr, den wir in unser Erinnerungsalbum einkleben können.

Nein, wir sind Gott begegnet, und diese Begegnungen macht andere Menschen aus uns. Er will das unser Gipfelerlebnis dauerhaft ist. Das geht. Wir müssen es nur zulassen. Schon beim Abstieg versuchen, darüber nachzudenken. Gott stellt uns infrage. Was muss anders werden in meinem Leben? Wo habe ich bisher viel zu oberflächlich gelebt? Was kann, was muss ich ändern? Wo belastet mich etwas? Gibt es da unerledigte Geschäfte? Misstöne zwischen mir und meinen Mitmenschen? Schuld, die nicht aufgearbeitet, nicht vergeben ist? Wo habe ich den berühmten ersten Schritt zu gehen? Das Gipfelerlebnis gibt uns die Kraft dazu, auch über solche Fragen nachzudenken, die wir sonst gern verdrängen. Und Gott hilft uns in dem er Vergebung anbietet.

Aber auch die Frage nach der Natur und unseren Umgang mit ihr kann sich ganz neu stellen. Auch hier gibt es einen Schuldfaktor und manchmal kann ich mir dessen ganz schmerzlich bewusst werden. Ein Gipfelerlebnis möchte uns auch hier ganz neu die Augen öffnen. Vielleicht sehen wir ja beim Abstieg schon die Schönheit der Gräser, Blumen und Bäume und ihre Schutzbedürftigkeit in einem ganz neuen Licht. Ein Gipfelerlebnis stärkt in uns das Gefühl der Liebe unseren Mitgeschöpfen gegenüber. Sie haben eine Daseinsberechtigung, einen Wert, der ihnen vom Schöpfer verliehen wurde. Die Tatsache dass Pflanzen und Tiere denselben Schöpfer haben wie die Menschen, macht sie zu unseren Geschwistern. Wir dürfen ihren Lebensraum nicht zerstören und dabei achselzuckend hinnehmen, dass dies eben der Preis ist, der zu zahlen wäre für Fortschritt und Mobilität. Wir müssen wieder neu lernen, die Welt, die Natur, unsere Mitgeschöpfe mit den Augen der Liebe, also mit den Augen Gottes zu sehen. Es drängt sich der Gedanke auf, dass dies die einzige Chance ist, die wir haben.

Auch diesen Gedankenkomplex dürfen wir beim Abstieg an uns heranlassen. Ich wünsche Ihnen, dass Ihr Gipfelerlebnis möglichst lange anhält. Vielleicht ein Leben lang. Und dass sie in neuem Vertrauen andere Menschen dazu ermutigen, ihr eigenes Gipfelerlebnis zu suchen. Es muss dazu nicht unbedingt ein Berg bestiegen werden. Amen.

Geschichte bewahren – Zukunft gestalten

Festgottesdienst zum 275-jährigen Jubiläum der Peter-Paul-Kirche Reichenbach. 1998.

Sehr geehrter Herr Landrat, sehr geehrter Herr Superintendent, sehr geehrte Damen und Herren Kirchvorsteher und Mitarbeiter der Kirchgemeinde Peter-Paul, liebe Festgäste!
Wir feiern das 275-jährige Jubiläum des Wiederaufbaus unserer Kirche nach dem großen Stadtbrand, der 1720 weite Teile Reichenbachs verwüstete. Vielleicht fragen sich einige verwundert, warum wir eine solche doch relativ ungerade Zahl zum Anlass nehmen. Hat man vielleicht das 250-jährige Jubiläum einfach verpasst und befürchtet nun, dass 300-jährige nicht mehr zu erleben? Feiert man, weil man das gern tut, feiern um des Feierns willen? Das auch. Das gebe ich unumwunden zu. Ich will nicht so weit gehen, dass Feiern als ein Vorrecht der Christen zu bezeichnen, aber ich denke schon, dass man feiern sollte, wenn man etwas zu feiern hat und Christen haben alle mal etwas zu feiern, nicht nur zu Weihnachten oder Ostern. Aber ich denke, noch ein weiterer Gedanke rechtfertigt das feierliche Begehen eines solchen Anlasses. Eine solche Feierlichkeit bringt

immer auch einen gewissen Einschnitt mit sich. Es ist ein Innehalten, eine Standortbestimmung. Die manchmal doch recht sture Alltäglichkeit, die auch blind machen kann, wird einmal aufgebrochen. Ein Fixpunkt wird gesetzt, zum durchatmen, zum Rückblick auf all das, was bisher war. Die Rechenschaft, die man vor sich und anderen bei einem solchen Anlass ablegt, ist ein unverzichtbarer Bestandteil dieses Anlasses, aber auch der Blick nach vorn, die Bestätigungen oder die Neuformulierung von Zielen, das Entwickeln von Visionen. Jeder einzelne Mensch, aber auch jede Gemeinschaft von Menschen, Vereine, Kommunen, Verbände usw. muss sich von Zeit zu Zeit solche Fixpunkte setzen, um der Stagnation vorzubeugen, dem Schwimmen im eigenen Saft. Jubiläen helfen einem dabei, solche wichtigen Standortbestimmungen vorzunehmen.

Auch unser Jubiläum lebt in dieser Spannung: dass wir eine Geschichte haben und die Zukunft gestalten wollen. Dabei ist es gut, mit der Besinnung auf Bisheriges zu beginnen. Denn Zukunft gestalten heißt ja nicht: irgendwo im freien Raum neu einzusetzen. Zukunft ist nur gestaltbar unter kritischer Einbeziehung des Gewesenen. Diesem ersten Gedankenkomplex habe ich die Überschrift gegeben:

Die Kirche als Anwalt des zu Bewahrenden.

Die Kirchengeschichte geht wie die Zeitrechnung in ihr drittes Jahrtausend. Das Gebäude, in dem wir uns befinden, hat etwa ein Achtel dieser Zeit an dieser Geschichte mitgeschrieben. Der Platz, auf dem sich dieses Gebäude befindet, war dagegen über fast die Hälfte dieser 2000 Jahre Kirchengeschichte ein Platz, an dem Menschen zusammen kamen, ihren Glauben zu leben. Die erste Jahreszahl die wir haben, wenn sie auch ungesichert ist, ist die Zahl 1080. Die erste gesicherte Aussage, die wir haben, ist die, dass im Jahre 1140, also nur 60 Jahre später, bereits das dritte Kirchengebäude an dieser Stelle stand. Dies macht die Zahl 1080 durchaus wahrscheinlich. Wäre es so, dann würde die Peter-Paul-Kirche Reichenbach im Rennen um die älteste Kirche im Vogtland die Nase vorn haben und die Johanniskirche Plauen um 42 Jahre schlagen. Aber ganz gleich, wer sich nun mit diesem Titel schmücken darf, fest steht, dass unsere Kirche zu den ältesten Gotteshäusern des sächsischen Vogtland gehört. Seine Wurzeln reichen zurück bis in die Zeit der ersten Christianisierungsbewegungen in diesem Landstrich. Bei der Beschäftigung mit Geschichte ist man oft ein wenig traurig, dass man bei der Betrachtung lange vergangener Zeiten oft nur wenig mehr hat, als das geschriebene Wort. So erfahren wir von der Existenz von Vorgängerbauten zwar aus alten Urkunden, aber es wäre doch auch schön, hätte man auch die bildliche Anschauung dazu. Vieles, was uns aus vergangenen Zeiten nicht mehr erhalten ist, wäre durchaus erhaltenswert gewesen. Heute leben wir in einer Zeit, in der auf solche Dinge richtigerweise viel Wert gelegt wird. Bei Reisen in die Türkei, nach Griechenland, Italien und Israel habe ich viel von den Bemühungen gespürt, Geschichte transparent und erlebbar zu machen. Denkmalschutz, so wie er hierzulande heute verstanden wird, stellt sich die gleiche Aufgabe. Das Dokumentieren dessen, was gewesen ist, ist nicht nur deswegen wichtig, weil wir über Verlorenes hin und wieder traurig sind. Es hat auch einen nicht zu unterschätzenden pädagogischen Wert. Stellt es doch den Menschen in eine Geschichte, die auch ihnen geprägt hat. Denkmalschutz hilft dem Menschen damit bei seinem Selbstverständnis. Kirchengebäude haben dabei eine ganz besondere Funktion. Sie machen dem Betrachter nicht nur seine Stellung in der profanen Geschichte deutlich, sondern zeigen Ihnen darüber hinaus, dass er ein Wesen ist mit einer ganz eigenen Religiosität, die von den religiösen Ausdrucks- und Gestaltungsformen in Vergangenheit und Gegenwart ebenfalls geprägt wurde. Kirchengeschichte, auch Baugeschichte, ist deshalb etwas zu Bewahrendes, weil sie aufgrund dieser Prägung zu jedem Menschen dazugehört. Auch zu einem, der sich heute als nicht-religiös definiert.

Freilich darf die Bewahrung von Überkommenem nicht um ihrer selbst willen geschehen. Zum sinnvollen Bewahren gehört immer auch die verantwortete Entscheidung darüber, was bewahrenswert ist. Wir müssen auch den Mut aufbringen, zu so manchem geschichtlichen Faktum zu sagen: du hast deine Zeit gehabt. Bei den denkmalsschützerischen Bestrebungen unserer Zeit hat man manchmal den Eindruck, dass dieser Mut fehlt. Stattdessen scheint ein Bewahren um jeden Preis im Vordergrund zu stehen. Dachziegel, die 100 Jahre lang ihren Dienst auf dieser Kirche versehen haben, sind erhaltenswert und sollten in einer geeigneten Form für die Nachwelt dokumentiert werden. Fragwürdig dagegen ist die Forderung, sie wieder aufs Dach zu bringen und dabei in Kauf zu nehmen, dass über kurz oder lang erneute Schäden entstehen. Hier schießt Denkmalschutz über das Ziel hinaus. Die Eindeckung eines Teiles des Daches mit alten Ziegeln an der Südwestseite geschah gegen den erklärten Willen des Kirchenvorstandes.

Viel sinnvoller dagegen erscheint die Orientierung auf das zu Bewahrende am Beispiel der Orgel. Gerne schiebt sich Reichenbach mit dem Namen des großen sächsischen Orgelbaumeisters Gottfried Silbermann. Die Umbauten, die unsere Orgel am Anfang dieses Jahrhunderts erfahren hatte, werden heute allgemein beklagt sie sind so gründlich geschehen, dass man danach nicht mehr von einer Silbermann-Orgel sprechen konnte. Was wir heute tun können, ist, das Klangbild wieder dem Silbermannschen Original anzunähern. Sie sehen aus diesen Beispielen, wie verschieden Denkmalschutz verstanden werden kann, aber auch mit wie viel Fingerspitzengefühl man dabei vorgehen muss. Wenn ich die Kirche als Anwalt des zu Bewahrenden bezeichne, dann immer im Sinne der verantworteten Entscheidung darüber, was bewahrenswert ist.

Der Kirche wird oft vorgeworfen, sie hänge zu sehr an dem Alten, würde die gegenwärtige Wirklichkeit nicht realisieren, stünde nicht mit beiden Beinen im Leben, sondern schwebe irgendwo in Sphären, abgehoben von der Realität. Wenn ich im ersten Teil die Kirche als Anwalt des zu Bewahrenden beschrieben habe, dann heißt das nicht, dass dieser Vorwurf so stimmt. Im Gegenteil. Der Auftrag, den die Kirche von ihrem Herrn bekommen hat, beschreibt Aufgaben in dieser Welt und nicht von ihr abgehoben. Deshalb nenne ich meinen zweiten Punkt:

Die Kirche als gesellschaftliche Kraft.

Es ist neben dem Bewahren ebenfalls Aufgabe der Kirche, zu gestalten. Antworten zu finden auf die drängenden Fragen der Gegenwart. Sie hat Antworten zu geben und sie erfüllt ihre Aufgaben nicht, wenn sie abseits von Politik und Gesellschaft ein Dasein im Getto führt, sondern sie hat sich aktiv einzubringen, sich einzumischen, wo immer sie es ihrem Auftrag gemäß tun muss. Es ist ein Phänomen, das auf Meinung und Ansicht der Kirche viel Wert gelegt wird, dass ihre Stimme gehört wird in einem Teil Deutschlands, in dem die Entkirchlichung weit fortgeschritten ist. Bisher beklagen wir, dass die hohe Akzeptanz der kirchlichen Meinung nicht gleichzeitig auch zu einer Steigerung unserer Zahlen führt. Aber vielleicht ist genau das der uns zugewiesenen Platz in der Gegenwart: dass wir als klein gewordene Gemeinschaft Großes zu sagen haben. Die Denkschriften der EKD und die gemeinsamen Worte der EKD und der Deutschen Bischofskonferenz werden allerorten stark beachtet und dienen einer breiten Bevölkerungsschicht als Diskussionsgrundlage. Durch ihre Ausgewogenheit tragen sie bei zu einem breiten gesellschaftlichen Konsens. Zuweilen wünschte man sich, dass sie etwas deutlicher polarisierten. Wo ein Konsens nicht möglich ist, muss man auch bereit sein zu konstruktivem Streit.

Für uns hier in Reichenbach heißt das, dass wir uns einbringen, wo es nötig und möglich ist. Im Bereich der Diakonie oder der Jugendarbeit sind wir anerkannte Träger. Ämter und Menschen außerhalb unserer Gemeinden vertrauen auf die solide Arbeit, die hier geleistet wird. Auch die Politik, die in unserer Stadt gemacht wird, begleiten wir kritisch. Unser Kirchengebäude befindet sich in einem Stadtteil, der schwere Hypotheken zu tragen hat. Für die Menschen, die hier leben, von denen sich viele zur Bürgerinitiative Altstadt zusammengeschlossen haben, bedeutet jedes fertig gestellte Stück Dach der Kirche auch ein Stück Hoffnung. Gleichzeitig ist auch die schleppend vorangehende Renovierung der Kirche ein Symbol dafür, wie viel Zeit noch vergehen wird, bis wir von einer lebendigen, lebensfrohen, farbenfreudigen Altstadt Reichenbachs sprechen können. Sich politisch einzumischen heißt, die Verantwortung wahrzunehmen, die der Kirche als Träger öffentlicher Belange zusteht. Es heißt weiterhin, dass sich ihre Glieder stärker als bisher bereit finden sollten, öffentliche Verantwortung zu übernehmen, bis hinein in die Parlamente. Die Welt, unser Land, unsere Stadt braucht die gestalterische Kraft, die dem christlichen Lebensentwurf innewohnt.

Die Notwendigkeit der Übernahme von Verantwortung macht sich in der Gegenwart an einigen ganz konkreten Dingen fest. Die Sorge um Menschen, die aus irgend einem Grund am Rande der Gesellschaft stehen, ist schon von jeher ein

Anliegen der Gemeinde. Hier sind in den letzten Jahren Betätigungsfelder hinzugekommen, auf die man sich einstellen muss. Ich denke dabei an die Obdachlosen- oder Suchtgefährdetenarbeit oder an die Arbeit mit Aussiedlern oder Asylbewerbern. Hierbei geht es nicht nur um ein stilles Dienen, um ein Kurieren der Symptome. Das auch. Es geht aber auch um das Aufmerksam-Machen der Öffentlichkeit und um das Entwickeln von Visionen zur Überwindung der Probleme. Gleiches versuchen wir auch mit den Partnerschaften, die wir pflegen. Mit unserer Partnerschaft mit dem Kirchgemeinden in Königslutter, die wir morgen auch wieder als unsere Gäste erwarten, diskutieren wir auch Fragen des Zusammenwachsens zwischen Ost und West und leisten dabei einen ganz konkreten Beitrag zum Verständnis der Menschen in unserem Land. Ganz anders gelagert ist unsere Partnerschaft mit dem Kirchenkreis Mendi in den südlichen Highlands Papua-Neuguineas. Hierbei geht es um das Verstehen zweier einander völlig fremder Kulturen. Allein schon das Wissen um die Sorgen der Menschen in einem Land, in dem steinzeitliche Lebensweise mit der Computertechnologie konkurriert, relativiert oft die eigenen Sorgen und ist ein Schritt hin zu mehr Verständnis und Frieden auf dieser Welt.

Es wäre zu kurz gedacht, wollte man bei der Beschreibung des zu Bewahrenden und der Gestaltung der Gegenwart stehen bleiben. Mein drittes Thema ist zwar gewagt formuliert, aber nichtsdestoweniger folgerichtig.

Die Kirche als Katalysator für innovative Gedanken.

Das unter dem Dach der Kirche Neues entstehen kann, hat nicht zuletzt auch die Peter-Paul-Kirche Reichenbach im Herbst 1989 in eindrucksvoller Weise gezeigt. Damals nutzte die Demokratie-Bewegung den Freiraum, den die Kirche bot, ohne sich an diese binden zu müssen. Ich denke, dass es genau diese Konstellation brauchte, um erfolgreich zu sein. Aber die Kirche gestattete nicht einfach widerspruchs- und einspruchslos, was in ihren Mauern geschah, sondern sie brachte sich ein, zum Beispiel mit ihrem Verständnis von Gewaltlosigkeit. Für mich ist eine Konsequenz aus dem Herbsttagen 1989, dass Menschen die Kirche als einen Freiraum erleben sollten, ganz gleich, welches gesellschaftliche System gerade an der Macht ist. Als einen Freiraum, in dem auch einmal gegen den Strich gedacht werden darf. Gegenwärtig loten die Kirchen diesen Freiraum zum Beispiel in der Frage des Asylrechts wieder ganz neu aus. Aber wir brauchen auch auf anderen Ebenen Themen, die es wert sind, diskutiert zu werden. Diese Welt hat drängende Probleme. Noch immer sind sie am treffendsten beschrieben mit den Stichworten: Frieden, Gerechtigkeit und Bewahrung der Schöpfung. Ich wünschte mir gerade an dieser Stelle, dass die Macher der Kirche den Freiraum, den sie bietet, so gestalten, dass viele Menschen ihn bemerken und ihnen nutzen als Forum für neue Ideen, auch einmal für unbequeme Gedanken. Dass der andere Lebensentwurf, den Christen vom Wort Gottes her haben, dabei Ausgangspunkt der Überlegungen sein kann, davon bin ich überzeugt. Christen haben Antworten, ihnen fehlt nur manchmal die Courage, sie in die öffentliche Diskussion einzubringen. Der christliche Lebensentwurf beschreibt die Zukunft dieser Welt in der Spannung zwischen Verantwortung und Hoffnung. Der Hoffnung auf die creatio nova, die neue Schöpfung, die von Gott heraufgeführt wird, steht die Verantwortung für die creatio originalis, für diese Welt, gegenüber. Dieser Spannungsbogen ist ein trefflicher Nährboden für Visionen. Nicht für utopische Fantastereien, aber für verantwortete Visionen, die aus der Hoffnungen genährt werden. Das gilt für die große Politik, für die Vision einer gerechten, friedlichen Welt im Sinne des "I have a dream" von Martin Luther King genauso wie für Visionen für unsere Stadt und unser Umfeld. Für diesen Kirchplatz habe ich schon die Vision eines lebendigen Altstadtzentrums mit dem Ensemble bestehend aus Kirche, Schule und Pfarrhaus. Und dazwischen gibt es noch unendlich viel Raum für unsere Visionen. Wenn Menschen darüber reden und die Kirche dafür ein Stückweit Katalysator sein kann, ein Stück Plattform, dann ist damit die Zukunft der Kirche zwar nicht hinreichend, aber doch zu einem guten Teil beschrieben.

Ich wünsche mir, dass von unserem Jubiläum ein solcher Impuls ausgehen kann: lasst uns unser verantwortetes Nachdenken über Vergangenes, Gegenwärtiges und Zukünftiges beginnen.

Den Frieden planen

Andacht zu Heilig Abend im Radio. 1995.

Liebe Hörerinnen und Hörer!

Vielleicht haben Sie diesen Kanal eben durch Zufall in ihrem Autoradio gefunden, vielleicht sind sie allein zu Hause und wollen durch Radiomusik die lähmende Stille vertreiben - vielleicht haben Sie aber auch das Radio als Geräuschkulisse im Hintergrund laufen, während die Kinder sich schon unglücklich aber lautstark über das eine oder andere Geschenk streiten - ja, ich meine Sie! Sie alle, die von Weihnachten etwas Besonderes erwarten, aber gleichzeitig nicht damit fertig werden. Die jedes Jahr aufs Neue versuchen, den Frieden zu planen, und ihn dann doch nicht zuwege bringen. Ich meine Sie, die Sie gerade eben eine freundliche Weihnachtskarte ihres Arbeitgebers gelesen haben, wohl wissend, dass die von ihnen erwarteten Überstunden nächstes Jahr um einiges härter werden als dieses. Ich meine sie, die sie sich davor fürchten, nach dem kurzen Weihnachtsgefühl wieder in die Alltäglichkeit entlassen zu werden.

Ja, es ist etwas Besonderes, das von der Weihnachtszeit ausgeht. Die einen freut es, die anderen ärgert es, aber allen ist gemeinsam, dass sie genau wissen, dass im Januar nicht mehr viel davon übrig ist.

Während ich mir diese Sätze überlege, erlischt die elektrische Beleuchtung des Baumes vor meinem Fenster. Ich habe sie so programmiert, um Strom zu sparen. Ist das nicht ein Symbol für unser Weihnachten? Die Botschaft des Weihnachtsfestes, die Hoffnungen, die sich damit verbindet, sie wird überlagert, ja geradezu gestoppt von unseren Lebensbezügen. Und wir leiden daran - und gleichzeitig finden wir das ganz normal.

Heute, am Heiligen Abend, empfinden viele diesen Zwiespalt besonders. Aber auch ihnen, vielleicht gerade Ihnen, wird zugerufen: euch ist heute der Heiland geboren. Das Geschehen in der Heiligen Nacht ist ein Wunder. Der Heiland ist geboren. Der, der allein die Macht hat, uns zu befreien aus unseren oftmals so gestörten Lebensumständen. Ja, das wünschten wir uns schon. Warum geschieht es aber dann so selten, warum gelingt es nicht einmal zu Weihnachten? Was müssen wir denn tun, um uns heilen zu lassen? Es ist gar nicht viel, was von uns verlangt wird, nur das eine: wir müssen damit aufhören, göttliches Geschehen mit unserer naiven Klugheit in den Griff bekommen zu wollen. Was auch dieses Jahr wieder an uns und mit uns geschehen kann, ist ein Wunder. Ich wünsche

Ihnen Augen und Ohren, die Wunder, die auch Ihnen geschehen sind und geschehen, wahrzunehmen. Und ich wünsche Ihnen ein Herz, das es versteht, für ein Wunder zu danken. So kann Weihnachten werden für Sie.

Schritte wagen

Posaunenfestgottesdienst. 1993.

Liebe Schwestern und Brüder,
Schritte wagen, das ist das Thema unseres Posaunentages. In der Regel ist es ja wohl so, dass man einer Predigt ein Bibelwort voranstellt. Ich möchte es heute einmal anders machen und möchte den Text eines Kanons auslegen. Zum Kirchentag in München wurde er gesungen und unsere Gemeinde hat ihn zum Gemeindefest in Waldkirchen gesungen. Der Text lautet: viele kleine Leute an vielen kleinen Orten, die viele kleine Schritte tun, können das Gesicht der Welt verändern, können nur gemeinsam das Leben bestehn. Gottes Liebe wird sie begleiten, wenn sie ihre Wege gehn.

Ich möchte in der Mitte dieses Kanons anfangen. Menschen können das Gesicht der Welt verändern. Und wie sie das können! Die Welt verändert sich in unserer Zeit rapide, nichts ist morgen noch so, wie es heute ist. Allerdings hat man den Eindruck, dass sich die Welt trotz aller atemberaubender Veränderungen nicht zu ihrem Vorteil entwickelt. Der ökologische und ökonomische Zusammenbruch ist heute greifbarer denn je. Der drohende Kollaps durch Überbevölkerung scheint kaum noch aufzuhalten zu sein. Ein Beispiel: wenn die Wachstumsrate der Bevölkerung in Nigeria sich nicht verändert, leben in 80 Jahren in diesem kleinen

Land doppelt so viele Menschen wie heute auf dem ganzen afrikanischen Kontinent. Mehr Menschen brauchen mehr Nahrung und mehr Konsumgüter. Die Ressourcen werden noch gnadenloser ausgebeutet werden. Und den freien Markt interessieren solche Probleme nicht. Noch ein Beispiel: japanische Walfänger sagen: wenn es 15 % Profit bringt, so viele Wale zu fangen, dass wir sie irgendwann ausgerottet haben werden, es aber nur 10 % Profit bringen würde, wenn wir so fangen würden, dass sich der Bestand immer wieder regenerieren kann, dann werden wir die Wale selbstverständlich ausrotten. Man gewinnt den Eindruck, als säße die Menschheit in einem Auto, das auf eisglatter Straße auf ein Hindernis zurast. Und sie reagiert darauf mit viel Aufwand, mit neuen Techniken und Innovationen, die die Bremssysteme verbessern und die Knautschzonen vergrößern, mit seitlichem Aufprallschutz und Airbags. Aber sie denkt nicht im Traum daran, mit dem Bremsen schon mal anzufangen, oder, wenn sie schon ins Schleudern geraten ist, vorsichtig gegenzulenken. Und so entsteht der Eindruck, die Menschheit bleibt stehen, stagniert, trotz der vielen Neuerungen. Weil sie die Werte, auf die sie sich ausrichtet, nicht ändert. Und diese Werte heißen in unserer Zeit: grenzenloses Wachstum. Trotzdem also ständig etwas wächst, bleibt die Menschheit auf einer Stelle stehen, sie bewegt sich keinen Zentimeter.

Deshalb sind Menschen gefragt, die sich wieder bewegen, die ausbrechen aus ihrer Lethargie und dem gefährlichen Weg der Erde wieder eine neue Richtung geben - eben Menschen, die Schritte tun. Natürlich sind große Schritte gefragt, spektakuläre Schritte, visionäre Schritte, denn die Bedrohungen, in die wir uns hinein manövriert haben, sind globaler Art. Vielleicht ist die Annäherungen der PLO und Israel solch einen visionärer Schritt, der das Gesicht der Welt verändern kann. Aber es müssen gar nicht immer die großen Schritte sein. Unser Kanon spricht von vielen kleinen Leuten an vielen kleinen Orten, die viele kleine Schritte tun. Die kleinen Schritte, die jeder von uns gehen kann, sind so unendlich wichtig, weil sie sich zusammen fügen zu dem Mosaik, das unsere Erde schön machen kann. Und nichts leistet der Lethargie mehr Vorschub als der Satz: was kann ich als einzelner schon ausrichten!

Es ist viel, was wir tun können, eine Aufzählung würde Seiten füllen. Angefangen von konsequenter Abfalltrennung bis hin zum konsequenten Abstellen des Motors an Ampeln. Es sind wirklich die ganz kleinen Schritte - der Fantasie sind da keine Grenzen gesetzt - die aber oft zeichenhaften Charakter haben. Eins ist diesen kleinen Schritten aber gemeinsam: man muss sich bewegen. Bequemer ist es alle Mal, sie nicht zu gehen. Man setzt sich dann auch nicht der Gefahr aus, belächelt zu werden. Aber andererseits ist es auch ermutigend, zu sehen, wie viele Menschen die Zeichen der Zeit schon erkannt haben und sich in Bewegung setzen. Wir können uns mit einreihen in die größer werdenden Menschenketten zum Schutz von Asylantenheimen. Wir können uns mit einreihen in die Schar der Gegner der über 20 im Vogtland geplanten Steinbrüche. Wir können unser demokratisches Mandat wahrnehmen, gerade im Blick auf das sogenannte Superwahljahr 1994, und den Regierenden deutlich machen, was wir wollen. Wir können viel tun, in dem wir nicht müde werden, unsere Stimme zu erheben, wann immer wir Unrecht sehen auf dieser Welt, in dem wir nicht müde werden, da zu helfen, wo unsere Hilfe gebraucht wird, sei es vor Ort oder irgendwo auf der Welt.

Menschen machen diese kleinen Schritte - und oft ist es ein Wagnis, sie zu gehen. Oft ist es mühsam, die Widerstände in einem selbst und von außen sind stark, oft hat man den Eindruck, man kämpft gegen Windmühlenflügel. Und trotzdem gehen Menschen diese kleinen Schritte. Woher nehmen Sie Ihre Motivation und die Kraft dazu? Die Motivationen dafür dürften sicher unterschiedlich sein. Ich kann

Ihnen heute nur sagen, warum ich Greenpeace unterstütze, warum ich wenigstens einem Kind in Tansania mit einer Patenschaft helfe und warum ich keine Getränke in Einwegverpackungen kaufe, warum ich für die Erhaltung der Schöpfung bete und um Kraft bitte, dass Meine zu tun. Dies sind alles ganz kleine Schritte, aber es geht hier nicht um Meisterschaft. Wir müssen keine Mutter Theresas oder Albert Schweitzers sein. Aber uns kann das Bewusstsein einen, dass wir von Gott einen Auftrag bekommen haben. Er ist nachzulesen in der Schöpfungsgeschichte im ersten Buch Mose, Kapitel zwei: und Gott stellte den Menschen in den Garten Eden, dass er ihn bebaute und bewahrte. In diesem Bewusstsein gehen wir unsere kleinen Schritte und werden nicht müde dabei, weil wir uns Gottes Begleitung dabei sicher sein können. Davon spricht auch unser Kanon: Gottes Liebe wird sie begleiten, wenn sie ihre Wege gehen. Trotz aller Trägheit, trotz aller vermeintlichen Sinnlosigkeit, trotz aller Verspottung oder gerade deswegen ist dies eine ungeheure Zusage. Gott liebt seine Schöpfung, sie ist ihm sehr gut gelungen, und die Menschen gehören dazu. Dass es Gott mit Ihnen schwer hat, das weiß er spätestens seit der Begnadigung des Noah. Aber er richtete mit ihm einen Bund auf, dessen Zeichen der Regenbogen ist und schwor: solange die Erde steht soll nicht aufhören Saat und Ernte, Frost und Hitze, Sommer und Winter, Tag und Nacht. Das ist sein Bundesangebot, seine tröstliche Zusage. Solange die Erde steht - an uns ist es jetzt, diesen Bund anzunehmen, in dem wir die Erde - stehen lassen.

4. Predigten für einen Evangelischen Schulverein

Von Kindern lernen

Andacht zur Klausurtagung des Vorstandes. 2005.

Markus 10, 13-16

(13) Einige Leute wollten ihre Kinder zu Jesus bringen, damit er sie berühre; aber seine Jünger fuhren sie an und wollten sie wegschicken. **(14)** Als Jesus es bemerkte, wurde er zornig und sagte zu den Jüngern: „Lasst die Kinder doch zu mir kommen und hindert sie nicht daran; denn für Menschen wie sie steht Gottes neue Welt offen. **(15)** Ich versichere euch: Wer sich Gottes neue Welt nicht schenken lässt wie ein Kind, wird niemals hineinkommen.“ **(16)** Dann nahm er die Kinder in die Arme, legte ihnen die Hände auf und segnete sie.

Es geht um Kinder in diesem Abschnitt. Wir haben täglich mit Kindern zu tun. Mit unseren eigenen oder mit denen, die uns in der Schule anvertraut sind. Mit Kindern Umgang zu haben, bedeutet Freude, aber auch Last. Wir wissen das. Wir wissen, dass dieser Umgang mit Kindern uns ganz fordert, den Menschen in seiner Ganzheitlichkeit anspricht.

Nicht nur die gebende Seite von uns ist gefordert, auch die nehmende. Die Montessori-Pädagogik hat in einzigartiger Weise aufgeräumt mit der Ansicht, Kinder seien ausschließlich Wesen, in die man etwas hineinstecken müsste, leere Gläser, die gefüllt werden müssen. Das Gegenteil ist der Fall: Wir haben die Aufgabe, die Entwicklung (im Wortsinn) der Kinder zu begleiten, zu beobachten – darüber zu staunen und natürlich auch von ihnen zu lernen.

Jeder kennt Sätze wie: „Man muß sich ein Stück Kindheit bewahren“, hält sie für wertvoll und nickt dazu – ohne zu wissen, wie man das eigentlich macht. Oder den Satz: „Kinder sind so ursprünglich, sie vertrauen noch bedingungslos“ – dabei werden unsere Augen träumerisch, aber kaum einer kommt auf die Idee, daraus vielleicht eine Konsequenz für sein eigenes Leben herzuleiten.

Von Kindern lernen – das ist es auch, was von uns im Blick auf Gott gefordert wird. Wir versuchen immer, den Gottesbegriff innerhalb unseres Denkgebäudes zu verstehen und stoßen dabei nicht selten an unsere Grenzen. Gott ist nicht vernünftig im Sinne der Vernunft der Erwachsenen. Dagegen verspricht er uns, erfahrbar zu sein, wenn, ja wenn wir so werden wie die Kinder. Wenn wir uns etwas schenken lassen z.B., ohne dabei zu befürchten, der Schenkende erwarte eine Gegenleistung. Wenn wir bedingungsloses Vertrauen wagen, auch trotz mancher negativer Erfahrung, die wir schon gemacht haben. Schaffen wir es, uns in dieser Weise ein Stück Kindheit zu bewahren, dann ist uns Gott ganz nahe.

Gott, himmlischer Vater, wir danken Dir für diesen guten Morgen. Wir sind hier zusammen, um unseren Standort im Blick auf die uns anvertrauten Kinder zu überdenken. Dabei dürfen wir feststellen, dass wir Beschenkte sind. Wir danken dir für diese Arbeit, für die Möglichkeit, von den Kindern zu lernen. Wir bitten dich um alle notwendigen Einsichten für unsere Tätigkeit. Besonders um die Einsicht, dass du dich in den Kindern finden lässt, besonders auch in dem Kind in uns.

Schenke uns eine gute Tagung, gute Gespräche und ein gutes Miteinander an diesem Tag. Amen.

Wenn dein Kind dich morgen fragt

Andacht zur Mitarbeiterversammlung. 2006

Das war das Motto des Kirchentages 2005 in Hannover. Wer dort war, fand es unglaublich und überwältigend, wie intensiv und in wie viele Richtungen man über diesen Teilsatz, diese 6 Worte nachdenken kann.

Beispielhaft möchte ich ein paar Richtungen herausgreifen, weil ich glaube, dass dieser Satz aus dem Alten Testament auch viel mit Schule, mit guter Schule zu tun hat.

„Wenn dein Kind dich morgen fragt, dann sieh' zu, dass du eine gute Antwort findest!"

Zum Beispiel auf die Frage deines Kindes: „Was hast du getan, um mich stark zu machen für das Leben? Was hast du unternommen, um mich auf alles vorzubereiten, was da auf mich zukommt?"

Wir können heute Schule nicht mehr so verstehen, wie sie im wilhelminischen Zeitalter verstanden wurde. Wir müssen Kompetenzen ausbilden, die die Kinder und Jugendlichen fit machen, in den nächsten 60, 70 Jahren, die sich so rasant entwickeln werden wie nie zuvor, zu bestehen. Dieser Aufgabe stellen wir uns mit unseren Anstrengungen, eine Gemeinschaftsschule zu errichten.

„Wenn dein Kind dich morgen fragt, dann sieh' zu, dass du eine gute Antwort findest!"

Zum Beispiel auf die Frage deines Kindes: „Warum hast du nicht mehr unternommen gegen den Klimawandel, gegen das Artensterben, warum hast du dich nicht mehr eingesetzt für sauberes Wasser und saubere Luft zum Atmen?“

In einer vom Evangelischen Schulverein Vogtland verantworteten Schule wird das Thema Nachhaltigkeit immer einen zentralen Platz einnehmen. Wir wollen, dass auch künftige Generationen auf dieser Erde gut leben können. Deshalb spielt dieser Gedanke auch in der Bewusstseinsbildung der Kinder und Jugendlichen eine hervorragende Rolle.

„Wenn dein Kind dich morgen fragt, dann sieh’ zu, dass du eine gute Antwort findest!“

Zum Beispiel auf die Frage deines Kindes: „Warum hast du deine Gedanken und Gefühle, deinen Glauben für dich behalten? Wie soll ich mich umfassend entwickeln können, wenn du mich dieses nicht lehrst?“

Schule kann nicht alles bieten, was ein Kind zur umfassenden Entwicklung braucht. Die Entwicklung der Gefühls- und Glaubensfähigkeit z.B. ist ein Punkt, an dem die Eltern in gleicher Weise gefordert sind. Wir werden an unseren Schulen dafür sorgen, dass Eltern und Schule in partnerschaftlicher Gemeinsamkeit die Ganzheitlichkeit des Kindes im Blick haben. Und wir werden Sprachfähigkeit entwickeln. Damit wir gut antworten können.

Loslassen üben

Gottesdienst zum Schulanfang (Grundschule). 2008.

Liebe Eltern,

Ihre Kinder sind schon mal gegangen – einfach so, ohne Sie! Jemand anderes hat sie an die Hand genommen – und fort sind sie! Was ist das für ein Gefühl? Irgendwie komisch, oder? Das ist noch nicht oft passiert, dass sie so einfach wegmarschiert sind und Sie zurück gelassen haben! Gut, Sie wissen, dass Sie sie in wenigen Minuten drüben in der Schule wieder sehen, aber eigenartig ist es schon! Vielleicht denken Sie jetzt ein paar Jahre weiter, an größere und längere Abschiede, die Ihnen, wie allen Eltern, bevorstehen. Wenn Ihre Kinder dann groß sind und eine eigene Familie gründen. Und Sie hoffen und wünschen sich, dass dieser Abschied dann für alle Beteiligten nicht so schwer wird.

Wie gesagt, soweit ist es noch nicht – aber jetzt beginnt sozusagen die Probezeit. Mit zunächst kleinen und immer größer werdenden Abschieden. Sie müssen das Loslassen üben, das ist unvermeidlich. Irgendwann kommen die Tage, an denen Ihr Sohn oder Ihre Tochter zum ersten Mal bei einem Klassenkameraden übernachten will. Irgendwann werden sie mit dem Wunsch kommen, mit Freunden an der Talsperre zu zelten – vielleicht schieben Sie diese Gedanken noch schnell beiseite – soweit ist es ja noch lange nicht, er oder sie ist ja noch so jung! Aber dieser kurze Abschied heute ist schon ein kleiner Vorgeschmack.

So gesehen beginnt heute nicht nur für Ihr Kind etwas Neues, auch für Sie! Es ist ein Fixpunkt im Leben, so ein Schulanfang, ein Fixpunkt, an dem wir uns sammeln, auch im übertragenen Sinne und bedenken, was hinter uns und was vor uns liegt. Natürlich werden Sie zurückschauen heute auf die durchschnittlich 6 Jahre die mit Ihrem Kind hinter Ihnen liegen. Und Ihnen wird mit Sicherheit heute mehr einfallen als der Satz „Gott, war der süß“ beim Betrachten eines Bildes. Und Sie werden nach vorn schauen. Versuchen, zu erahnen, was die nächsten 4 Jahre bringen werden. Die Kinder werden relativ unbefangen an diese Aufgabe herangehen. Mit der ihnen eigenen Neugier werden sie sich freuen, Neuland zu betreten. Wir Erwachsenen haben es da schon schwerer. Der Packen Erfahrungen, den wir mit uns rumschleppen, lässt uns nicht nur freudige Neugier empfinden, sondern eben auch Sorge. Das hat ja durchaus auch seine Berechtigung. Aber es wird darauf ankommen, diese Sorge nicht so auf unsere Kinder zu projizieren, dass ihnen dabei die freudige Neugier abhanden kommt. Denn diese ist Voraussetzung für ein angstfreies Lernen.

Sie sehen schon, dieser neue Lebensabschnitt verlangt von Ihnen, den Eltern, mindestens genauso viel ab wie Ihren Kindern. Wir werden als Schule versuchen, Ihnen diesen Schritt ein Stück leichter zu machen. Denn an unserer Schule müssen Sie Ihre Kinder nicht einfach abgeben und wissen danach nicht mehr, was mit ihnen passiert! Elternmitwirkung, Elternengagement werden bei uns ganz groß geschrieben. Sie sind ganz dicht dran an dem, was passiert. Sie werden spüren, dass die Art und Weise, wie hier Schule gemacht wird, nur noch wenig zu tun hat mit dem, was Sie aus Ihrer Schulzeit kennen. Sie werden nicht mehr am Abend mit der Knute hinter ihrem Sohn stehen müssen und aufpassen, dass er ja alle Hausaufgaben erledigt hat, bis er sich seinem Spiel zuwenden darf. Sie werden Ihre Tochter nicht mehr strafend anschauen müssen, weil sie eine 4 nach Hause gebracht hat und damit ihre Seele kränken, weil sie Ihre Erwartungen nicht erfüllen konnte. Sie werden merken, wie gut das Ihrem Kind tut und wie es sein Lernen fördert – und Sie dürfen dies alles mitgestalten!

Wenn wir die unvermeidlichen Übergänge im Leben unserer Kinder so gestalten: mit ihnen mitgehen, in Freundschaft und Liebe, ohne sie zu bevormunden, dann können sie gelingen, diese Übergänge, dann können aus unseren Kindern aufrechte und selbstbewusste Menschen werden, die das Leben in den vor uns liegenden Jahrzehnten meistern.

Dazu braucht es unsere Anstrengung, natürlich, manchmal unsere Mühe und Arbeit, aber auch unsere Freude und Zuversicht, mit der wir an diese Sache herangehen. Aber dazu braucht es auch noch etwas anderes. Etwas, das anderswoher kommt als unsere kleine Kraft, etwas, das „von oben" kommt. Der Segen dessen, der uns Menschen geschaffen hat und liebt, der möchte, dass wir uns zu aufrechten, fröhlichen, guten Menschen entwickeln – und der diese Veranlagungen dazu alle bereits in uns hineingepackt hat – dieser Segen muss hinzu kommen. Muss sich praktisch paaren mit unserer Anstrengung. Und wenn das so zusammenkommt, dann haben unsere Pläne für die Zukunft Aussicht auf Erfolg.

Deswegen versuchen wir in Gottesdiensten wie diesem, aber nicht nur dort, herauszufinden, was Gottes Wille mit uns ist. Und deswegen bitten wir um seinen Segen. Das möchte ich auch jetzt für uns alle tun und bitte Sie, dazu sich zu erheben.

Aufrichten statt Unterrichten

Andacht zur Mitgliederversammlung. 2010

Ps. 146,8

(8) Der Herr richtet auf, die niedergeschlagen sind.

Ich erinnere mich gern an eindrückliche Sätze, die man so unmittelbar hört, dass sie einem über lange Zeit im Gedächtnis bleiben. Einer dieser Sätze stammt von Torsten Seime, er sagte ihn während einer Elternversammlung vor dem Schuljahr 2008/09: Wir wollen Ihre Kinder nicht unterrichten, wir wollen sie aufrichten. Dieser – natürlich konstruierte – Gegensatz (es ist ja kein Gegensatz an sich) hat mich schwer beeindruckt und mein Verständnis von dem, was wir hier tun, ein Stückweit geprägt.

Es geht um Aufrichten, bei unserer Arbeit wie im Psalmvers. Aufrichten bedeutet Starkmachen. Kinder in die Lage versetzen, in dieser verrückten Welt bestehen zu können, wie Otto Herz es auf dem Bildungskongress formuliert hat (auch das ist so ein eindrücklicher Satz, der das Zeug hatte, hängen zu bleiben). Aufrichten bedeutet, jemandem das Rückgrat zu stärken, sein Selbstvertrauen helfen zu entwickeln. Unser Selbstverständnis und der Psalmvers meinen hier dasselbe, auch wenn sich die Zielgruppe scheinbar unterscheidet: Bei uns sind es die uns anvertrauten Kinder, im Psalmvers die Niedergeschlagenen. Aber beim zweiten Hinschauen sieht man durchaus Zusammenhänge: wie oft werden Kinder in den Verwahranstalten des staatlichen Schulsystems im übertragenen Sinne niedergeschlagen, klein gemacht, verängstigt, untergebuttert. Sie brauchen Aufrichtung, unsere Aufrichtung.

Der Psalmvers hat ein Subjekt: Der Herr richtet auf, die niedergeschlagen sind. Wir befinden uns also auf einem Handlungsfeld Gottes. Übernehmen wir uns da nicht, wenn wir das Aufrichten zu unserer Sache machen? Keineswegs. Im Gegenteil. Zunächst einmal können wir diesen Satz als Zuspruch für uns selbst hören. Wir alle kennen Zeiten der Niedergeschlagenheit, in denen wir Aufrichtung dankbar annehmen. Wir sind also selbst Aufgerichtete. Gott hat sich dabei anderer Menschen bedient. Manche erkennen ihn hinter dem handelnden Menschen, manche nicht. Das tut nichts zur Sache, der Auftrag bleibt der Gleiche: Derart aufgerichtet, werden wir in die Lage versetzt, nun unsererseits aufzurichten. Der eine wird dahinter Gottes Auftrag erkennen, der andere vielleicht aus Pflichtbewusstsein oder Einsicht handeln – beide erfüllen sie letztlich Gottes Willen.

Lassen Sie uns gemeinsam durchbuchstabieren, Vereinsmitglieder, Eltern, Lehrer, Schüler, welche Konkretionen das Aufrichten an unserer Schule haben kann und lassen Sie uns daran arbeiten, mit Herz und Hand.

Wir beten.

Gott, Du richtest Menschen auf und erwartest von ihnen, dass sie Gleiches tun mit den Menschen, die ihnen anvertraut sind. Lass uns uns als Aufgerichtete wahrnehmen und aus dieser freudigen Erfahrung heraus deinen Willen tun. Amen.

Christliche Pädagogen – pädagogische Christen

Vortrag in einer Berufsschule. 2010.

Lassen Sie mich zunächst das Thema ein wenig zerpflücken – denn dazu bietet es sich geradezu an: Wenn wir von christlichen Pädagogen sprechen, impliziert dies, dass das ein besonderer Haufen unter den Pädagogen ist, dass es auch andere geben muss. Und wir fragen nach: Stimmt das? Natürlich stimmt das! Es gibt auch nichtchristliche Pädagogen. Gut. Jetzt fragen wir nach der 2. Hälfte der Überschrift: pädagogische Christen. Gibt es auch nichtpädagogische Christen?

Da wird's schon schwieriger. Gibt es nichtpädagogische Menschen? Ich glaube nicht. Jeder Mensch kommt in seinem Leben mit Pädagogik in Kontakt, sei es aktiv als einer, der „erzieht", „Wissen vermittelt" oder wie immer man das griechische Wort peideuein übersetzen möchte, oder aber passiv als einer, der Pädagogik an sich geschehen lassen musste. Nicht nur letzteres hat jeder mit Verweis auf seine Kindheitserlebnisse vorzuweisen, wie gelungen das Ganze war, wollen wir dahingestellt sein lassen, auch ersteres, das aktive Element, ist keineswegs auf Berufspädagogen beschränkt. Eltern handeln pädagogisch, und wer keine eigenen Kinder hat, versucht sich damit an Geschwistern, Nachbarn, Kollegen. Jeder Rat, jeder Hinweis, jede Kritik ist letztlich pädagogisches Handeln. Deshalb: nein, es gibt keine nichtpädagogischen Menschen. Und da die Christen eine Teilmenge der Menschen sind – jeder Christ ist auch ein Mensch – gibt es auch keine nichtpädagogischen Christen. W.z.b.w.

Wir können also das zweite Teilthema vernachlässigen und wenden uns dem ersten zu: Christliche Pädagogen. Diese Zusammenstellung unterstellt, dass es da etwas geben muss, das die christlichen Pädagogen von den nichtchristlichen unterscheidet, denn sonst würde diese Zusammenstellung unnötig sein. Wenn wir den Begriff Pädagoge so weit fassen, wie ich das eben getan habe, und nicht nur auf die Lehrer und Erzieher einer Schule etwa beziehen, dann müssen wir feststellen: Jeder Mensch handelt pädagogisch und er tut dies aus einer bestimmten Motivation heraus. Der Mittvierziger, der dem Nachbarsjungen erklärt, es sei doch viel besser, auf dem 200 m entfernten Bolzplatz Fußball zu spielen, als immer die Straßenfront seines Hauses für Torschüsse zu verwenden, tut dies aus der Motivation heraus, seine Ruhe haben zu wollen und möchte sich gern die Schwierigkeiten beim Ersetzen eines Wohnzimmerfensters vom Hals halten. Die Mutter, die ihrer Tochter immer und immer wieder den mathematischen Sachverhalt erklärt, den sie selbst nicht versteht, motiviert das Gefühl des Stolzes beim Unterschreiben einer Klassenarbeit mit einer guten Note. Auch ein Christ handelt aus einer Motivation heraus. Seine Motivation besteht in der Wahrnehmung seines Gegenübers als von Gott geliebtes Geschöpf. Und diese Wahrnehmung beeinflusst sein pädagogisches Handeln wesentlich.

Jetzt sind wir also bei des Pudels Kern: Was kennzeichnet eine spezifisch christliche Pädagogik? Bevor wir uns ein paar biblischen Befunden zuwenden, müssen wir zunächst konstatieren: christliche Pädagogik ist vom christlichen Menschenbild geprägte Pädagogik. Das müssen wir kurz umreißen: Das christliche Menschenbild beschreibt den Menschen als Geschöpf Gottes, und zwar als geliebtes Geschöpf, es beschreibt die Gottebenbildlichkeit des Menschen, es beschreibt die Wahrnehmung, dass jeder Mensch in Schuld gefangen ist, aber auch jederzeit die Chance des Neubeginns in Jesus Christus ergreifen kann. Bereits diese kurz eingeschlagenen Pflöcke zeigen die immensen Auswirkungen auf die Pädagogik. Ein christlicher Pädagoge wird also niemals zu einem Schüler sagen: „Aus dir wird nie etwas!“, und dann auch noch hoffen, diese Aussage würde vielleicht eine bessere Leistung aus dem Schüler herauskitzeln, denn er würde es seinem Lehrer vielleicht zeigen wollen, dass er Unrecht hat. Nein, wir wissen, dass solche Aussagen nur zu einem Resultat führen: Der Schüler, der dies hört und wieder und wieder hört, der wird es irgendwann selbst glauben und sich für den Rest seines Lebens als Versager fühlen.

Aber schauen wir uns zunächst ein paar Bibelstellen zum Thema an. Eine der schönsten steht im 5.Buch Mose, Kapitel 6. Ich lese zunächst den ganzen Abschnitt, dann greife ich noch einmal den Satz heraus, um den es wesentlich geht.

(4) Höre, Israel! Gott ist einzig. Er ist Gott und sonst keiner. **(5)** Darum liebe ihn von ganzem Herzen, mit allen deinen Gedanken, mit deinem ganzen Willen und mit aller Kraft. **(6)** Behalte diese Worte im Gedächtnis. **(7)** Präge sie deinen Kindern ein und sage sie dir selbst immer wieder vor zu Hause und auf der Reise, wenn du schlafen gehst und wenn du aufstehst. **(8)** Binde sie an deinen Arm zu deiner Erinnerung und an deine Stirn zu deinem Schmuck. **(9)** Schreibe sie auf die Türpfosten an deinem Haus und an die Tore deiner Stadt. **(20)** Und wenn dein Kind dich fragt, warum du das tust, dann erzähle! **(21)** Dann erzähle ihm von der Sklaverei seiner Vorfahren und von ihrer Befreiung aus Ägypten. **(22)** Erzähle ihm, was dir an Wundern widerfuhr, **(23)** und wie Gott dich bewahrt, wie er dir ein reiches Land gegeben hat, **(24)** in dem du nun in Frieden lebst.

Jörg Zink hat zu diesem Bibelabschnitt einmal gesagt (Bibelarbeit am 26. Mai 2005 beim 30. Deutschen Evangelischen Kirchentag in Hannover – Download des Textes aus den vom Kirchentag zur Verfügung gestellten Materialien): „Das sind Worte, die wie das Urgestein der biblischen Religion daliegen. Mächtig. Gewichtig. Mit einer alles zusammenzwingenden Autorität gesprochen. Jahrhunderte der Gotteserfahrung gingen ihnen voraus, bis am Ende einer sie aussprechen konnte. Sie in die Welt stellte in ihrer ganzen Härte. Diese Gedanken, die sich zum Urwort des jüdischen Glaubens herausgebildet haben. Diese Worte, die der Jude täglich spricht, in jeder Situation und bis in den Tod hinein. Es sind auch die Urworte, die uns Christen aus dem Buch des Alten Testaments anrühren, anrufen, angreifen. Sie sind durch ein jahrtausendelanges Nachdenken nicht zu erschöpfen. Und bis zum heutigen Tag erheben sie sich, ursprünglich und unerklärt mit ihrer urigen Kraft."

Die Zeile, die das Zeug hat, zum Paradigma einer christlichen Pädagogik zu werden, ist diese: Und wenn dein Kind dich fragt, warum du das tust, dann erzähle!

Vielleicht haben Sie ja eine andere Zeile im Ohr als pädagogische Zeile und sind an ihr hängen geblieben: Präge diese Worte deinen Kindern ein. Es wäre geradezu fatal, wenn Sie dort stehengeblieben wären. Die Methode des Einprägens bestimmter Inhalte, verbunden mit sturem Pauken und der Drohung „wenn Du nicht – dann!", ist Methode einer Lernkultur, die aus der Vergangenheit stammt, aber beklagenswerterweise heute immer noch weitgehend unsere Schulen prägt. Diese Lernkultur müssen wir dringend überwinden – wie eine neue Lernkultur aussehen kann, werde ich noch ausführen – und wir überwinden sie, in dem wir im 5. Buch Mose weiterlesen bis zu dem Satz: Und wenn dein Kind dich fragt, warum du das tust, dann erzähle!

Nehmen wir diesen Satz ebenfalls einmal ein bisschen auseinander. Und wenn dein Kind dich fragt. Wenn es dich fragt. Sonst nicht. Es wird Zeit, dass wir auf die Fragen unserer Kinder warten. Gängige Praxis an unseren Schulen ist aber, dass wir Antworten geben auf Fragen, die sie nie gestellt haben, und uns dann wundern über Aufmerksamkeitsprobleme. Sie kommen, die Fragen. Wir müssen da ein gewisses Vertrauen entwickeln. Sie kommen nicht bei jedem Kind zur selben Zeit, aber sie kommen. Sie merken schon: Frontalunterricht und Lehrplan bleiben hinter diesem Anspruch zurück, weil sie die individuelle Entwicklung eines Kindes nicht angemessen berücksichtigen können, weil sie davon ausgehen, dass die Kinder mit 6 Jahren damit beginnen, alle Fragen zur gleichen Zeit zu stellen und auch noch die Fragen, die gerade gewünscht sind, beantwortet zu werden. Viel näher kommt da z.B. die Beobachtung von Maria Montessori, die von sensiblen Phasen spricht. Ein Kind hat sensible Phasen in seiner Entwicklung. Die sensible Phase für mathematische Problemstellungen z.B. ist bei einem Kind im Alter von 6 Jahren zu beobachten, bei einem anderen im Alter von 8 Jahren. Aber die Schule alter Prägung beobachtet das nicht. Sie schreibt dem Kind mit dem Eintritt in die Grundschule seinen Rhythmus vor. Und das bewirkt massive Unter- bzw. Überforderungen und daraus resultierend Lernunlust. Mit dem Eintritt in die Grundschule ändert sich der Inhalt des Wortes „Lernen“ für viele, viel zu viele Kinder auf dramatische Weise: Aus etwas, das Spaß macht, wird etwas, das Mühe macht. Nein, wir müssen wieder auf die Fragen unserer Kinder hören, auf sie warten, auch in der Schule.

Und wenn dein Kind dich fragt, warum du das tust... Warum du was tust? Warum du das tust oder lasst, was du gerade tust oder lässt, warum du so bist, wie du bist, was dich zu dem gemacht hat, was du bist. An dem, was du tust oder lässt, orientiert sich das Kind, sucht es sich Beispiel zu nehmen für sein Leben.

Makarenko klingt an (zumindest glaube ich, dass er es war, der den Satz geprägt hat): Erziehung ist Beispiel und Liebe. Aber es deutet sich auch schon die immense Verantwortung an, die ein Pädagoge hat: er kann durch Fehlverhalten ganze Biografien umschreiben.

Noch einmal sei Jörg Zink zitiert (a.a.O.): „Wenn nun dein Kind dich fragt, warum du das tust, dann erzähle. Erzähle ihm die frühe Geschichte deines Volks. Erzähle! Erzähle ihm auch deine eigene Geschichte. Erzähle ihm, wie es dir ergangen ist, seit du selbst ein Kind warst. Erzähle, auf welche Weise du der- oder diejenige geworden bist, die du jetzt bist. Was du an Schicksalen durchzustehen hattest. Was dir gelungen ist und was nicht. Welche Fehler du gemacht hast. Erzähle von den Menschen, die dir ein Vorbild gewesen sind. Woher du dein Vertrauen nimmst. Deinen inneren Frieden oder deine heimliche Angst. Wenn du dann – und zwar ehrlich – auch von dem redest, was dir misslungen ist, dann wird dabei das Vertrauen deines Kindes zu dir nicht schwächer, sondern stärker werden. Baue keine Fassaden. Die durchschaut ein Kind schneller als der Erwachsene meint. Erzähle ihm auch, was dir selbst Schwierigkeiten macht in deinem Glauben an Gott. Jedes Kind versteht, dass man ratlos vor rätselhaften Dingen stehen kann und sagen muss: Ich weiß nicht. Und während du offen von dir erzählst, gewinnt auch dein Kind den Mut, aus sich herauszugehen und zu erzählen, was ihm durch Kopf und Herz geht. Willst du ihm einen Weg zeigen, so zeige ihm zuerst den Weg, den du selbst gegangen bist.

Moralische Reden haben, wenn überhaupt, einen gewissen Sinn lange danach. Werte vermitteln, wie man heute so schön und so verblasen sagt, hat nur Sinn, wenn dem Kind diese Werte als ein gangbarer Weg, gezeigt an deinem eigenen Weg, deutlich geworden sind. Wenn du deinem eigenen Kind oder auch fremden Kindern, mit denen du zu tun hast, von dir erzählst, kann das Ziel nicht sein, dass es dich nachahmt, sondern dass ihm aufgeht, wie es seinen eigenen Weg finden oder auch verfehlen kann. Es muss darauf vertrauen können, dass es eine Antwort bekommt, die wahr ist und weiterhilft. Wer nicht fragt, bleibt dumm, sagt das Lied von der Sesamstraße. Und das gilt auch für pädagogisches Handeln. In unseren Schulen wird immer weniger nachgefragt, weil die Antworten und die Scheinantworten alles zu Boden schreien. Und wenn nicht mehr gefragt wird, weil die Antworten, die man bekommt, keine Antworten auf wirkliche Fragen sind, dann wird eben eine Generation dumm. Sie landet unter dem Pisadurchschnitt. Und dort befinden wir uns.“

Und eine zweite Bibelstelle möchte ich zitieren, diesmal aus dem Neuen Testament (Markus 10):

(13) Da brachte man Kinder zu Jesus, damit er ihnen die Hände auflegte. Die
Jünger aber wiesen die Leute schroff ab. **(14)** Als Jesus das sah, wurde er unwillig
und sagte zu ihnen: Lasst die Kinder zu mir kommen; hindert sie nicht daran!
Denn Menschen wie ihnen gehört das Reich Gottes. **(15)** Wahrlich, ich sage euch:
Wenn ihr nicht werdet wie die Kinder, werdet ihr das Reich Gottes nicht sehen.
(16) Und er nahm die Kinder in seine Arme; dann legte er ihnen die Hände auf
und segnete sie.

Wenn ihr nicht werdet wie die Kinder – halten wir einmal unser pädagogisches Handeln daneben. Werden wir wie die Kinder? Lassen wir uns auf sie ein? Begeben wir uns auf Augenhöhe mit ihnen? Oder ist an unseren Schulen nicht vielmehr das Gegenteil gängige Praxis: Wir setzen alles daran, damit die Kinder so werden wie wir! Wir erziehen sie zu Erwachsenen. Wir versuchen, ihre Ursprünglichkeit, ihre Neugier, ihre Freude am Entdecken und am Lernen zurechtzustutzen auf Erwachsenen-Normalmaß. Und dann beklagen wir die verlorene Kindheit.

Wenn wir christliche Pädagogik beschreiben, und besonders, wenn wir es in Abgrenzung gegen „normale" Pädagogik tun wollen, dann kann es nicht nur darum gehen, inhaltlich vorzugehen und beschreiben zu wollen, wie man einen Lerninhalt möglichst christlich, das heißt unter Einbeziehung religiöser Aspekte eines Themas darbietet. Dies ist auch eine Herangehensweise und da ist vieles möglich. Ein Beispiel: Wenn ich in Physik von der Spektralfarbenanalyse rede, werde ich als christlicher Pädagoge nicht vergessen, dass der Regenbogen Symbol des Bundes ist, den Gott mit den Menschen geschlossen hat.

Aber das ist jetzt nicht das Thema. Wir wollen christliche Pädagogik ihrem Wesen nach beschreiben. Und dazu können wir aufgrund des biblischen Befundes zunächst einmal eine relativ steile These formulieren: Christliche Pädagogik ist wesentlich Reformpädagogik. Warum ist das so? Christliche Pädagogik muss wie Reformpädagogik vom Kind ausgehen, das Kind in den Mittelpunkt stellen, von ihm her denken. Herkömmliche Pädagogik dagegen denkt lehrerzentriert. Bemühen wir noch einmal Maria Montessori: Kinder, so sagt sie, seien keine leeren Gefäße, die im Verlauf ihrer Entwicklung mit Wissen gefüllt werden müssen. Genau das ist aber der herkömmliche pädagogische Ansatz. Es gibt eine Wissensmenge, die vermittelt werden muss. Also wird alles darauf ausgerichtet: Die Wissensmenge wird fein säuberlich durch 12 oder 13 Jahrgänge geteilt, daraus entstehen die Lehrpläne, die auf 40-60 45-Minuten-Einheiten heruntergebrochen werden. Und dann wird in diesem Rhythmus alles in das leere Gefäß hineingestopft, ohne Rücksicht auf die Fragen des Kindes, ohne Rücksicht auf seine sensiblen Phasen. Die Folgen habe ich schon angesprochen: Unter- und Überforderung und Lernunlust. Und wenn dies von den Lehrern beobachtet wird, wird das Ganze noch verstärkt durch Zwangsmaßnahmen wie Hausaufgaben und Zensuren, letztere dienen nicht etwa zur Leistungsbeschreibung sondern maximal zur Beschämung des Kindes und sind der Herausbildung von sozialen Kompetenzen in höchstem Maße abträglich. Aber auch das ist jetzt nicht unser Thema.

Nein, sagt Maria Montessori: Kinder sind nicht solche leeren Gefäße. Sie sind eher mit Zwiebeln zu vergleichen. Sie haben Anlagen in sich, tragen praktisch das Wissen bereits seit ihrer Geburt in sich. Stück für Stück, Schale für Schale wird es nun freigelegt. Behutsam entwickelt. Vieles davon tut das Kind selbst, oft ohne sich dessen bewusst zu sein. Wozu braucht es dann noch Lehrer? Der Pädagoge ist in der Reformpädagogik kein Lehrer alter Schule. Er ist sozusagen ein

Lerncoach, der diesen Entwicklungsprozess unterstützt und begleitet. Wenn er ein guter Pädagoge ist, wird er ein Kind einladen, und wenn er noch besser ist, wird er es ermutigen, und wenn er noch besser ist, wird er es inspirieren, eine neue Erfahrung zu machen.

Das ist christliche Pädagogik, die vom Kind her denkt. Weil sie weiß, dass wir Menschen alle von Gott her Anlagen und Begabungen mit auf den Weg bekommen haben, die es zu entwickeln gilt und die nicht verschüttet werden sollen. (Man bedenke, wie hart Jesus mit demjenigen ins Gericht geht, der seine Talente vergräbt.) Weil sie weiß, dass wir alle einzigartig sind und dass es der Schöpfungsordnung zuwider läuft, wenn etwas uniform gemacht wird. Deswegen ist christliche Pädagogik wesentlich Reformpädagogik.

Ich habe heute viel zu tun

Andacht zur Mitgliederversammlung. 2011.

Ich möchte unserer diesjährigen Mitgliederversammlung ein Wort von Martin Luther voranstellen. Er hat einmal gesagt: Ich habe heute viel zu tun, darum muss ich viel beten.

Dieser Satz spricht uns vermutlich deshalb so an, weil wir uns wohl alle in seinem ersten Teilsatz wiederfinden können. Ja, wir haben viel zu tun. Manch einer stöhnt über seine Aufgaben, manchem wachsen sie über den Kopf, die Berichte über Burnouts häufen sich gerade bei Menschen, die im Rampenlicht stehen. Auch und gerade die ehren- und hauptamtlichen Mitarbeiter unseres Vereins sind durchaus nicht frei von Symptomen, die an dieser Stelle Gefahr signalisieren.

Demgegenüber steht unser Anspruch, an unserer Arbeit Freude zu haben. Aber oft empfinden wir uns wie Getriebene. Das passt nicht zusammen.

Wir sprechen Luthers Satz oft lieber anders: Ich habe heute viel zu tun, deswegen kann ich mir es nicht auch noch leisten, zu beten. Und dann springen wir hinein in die Alltagsmühle und finden uns am Abend so seltsam unbefriedigt wieder.

Luther kannte noch keine Therapiesitzungen, um dieses Problem zu bewältigen. Aber er hat für sich eine verblüffend einfache Lösung gefunden: Ich habe heute viel zu tun, darum muss ich viel beten. Er sagt damit: Unsere Arbeit, unsere Aufgaben gehören zur Vorläufigkeit dieser Welt. Deswegen dürfen wir ihnen nicht den Platz zuweisen, den sie nicht haben können. Sie sind nicht endgültig, sie sind nicht konstituierend für uns. Wir definieren uns als Menschen nicht ausschließlich über unsere Aufgaben. Diese Erkenntnis ist ungeheuer entlastend. Mein Wert wird nicht über erfüllte Aufgaben berechnet.

Um meine Aufgaben gut zu erfüllen und dabei fröhlich zu sein, dazu braucht es eine Berührung des Ewigen. Hinter der Vorläufigkeit meines Tuns steht die Endgültigkeit Gottes, von der her ich alle Kraft beziehen kann, die ich brauche, um meine Aufgaben zu erledigen. Das rückt meine Aufgaben an die Stelle, die ihnen gebührt. Das gibt mir die Kraft, Ansprüchen, die an mich herangetragen werden, gelassen zu begegnen.

Die Berührung des Ewigen in meiner Vorläufigkeit – das ist erlebbar. Für manche in der stillen Konzentration des Gebetes. Für andere vielleicht in der Natur, im Gefühl des Einsseins mit allem Lebendigen – auf jeden Fall ist es an mir, diese Begegnung, diese Berührung auch zuzulassen. Mir gelingt das, indem ich dieser Entschleunigung meines Lebens bewusst Raum gebe in meinem Tagesablauf.

Und ich muss sagen, es tut mir gut. Ich habe heute viel zu tun, darum muss ich viel beten.

Gott, unser Vater, hilf uns, unsere Aufgaben ins rechte Licht zu rücken. Denn dort sehen wir, dass sie uns gar nicht erdrücken können, wenn wir das nicht selber zulassen. Von Dir haben wir unseren Wert, den kein Anspruch an uns, auch keine unerledigte Aufgabe, auch kein Fehler zunichte machen kann. Hilf uns, unsere Arbeit mit Freude zu tun und lass unsere Freude an unserer Arbeit für andere sichtbar sein, für die Menschen, die uns anvertraut sind, besonders für unsere Kinder. Wir danken Dir für alles, was uns gelungen ist in den vergangenen Jahren und erbitten deinen Segen für alle unsere Vorhaben. Amen.

Danke für deinen Segen, Gott

Ansprache zum Realschulabschluss. 2014.

Prediger 9, 7

(7) So geh hin und iss dein Brot mit Freuden. Trink deinen Wein mit gutem Mut. Denn solches dein Tun hat Gott schon längst gefallen.

Liebe Absolventinnen und Absolventen,

Dies ist ein historischer Tag. Zum ersten Mal in der Geschichte des Futurum legen Schülerinnen und Schüler in Klassenstärke die Haupt- bzw. Realschulprüfungen ab. Und dies nicht etwa mit großem Zittern, sondern mit einem hervorragenden

Ergebnis, das sich nicht nur im Blick auf die schwierigen Bedingungen der vergangenen Jahre sondern auch im Blick auf den Vergleich mit anderen Schulen durchaus sehen lassen kann. Das alles macht mich stolz und dankbar. Stolz bin ich natürlich zuallererst auf Euch. Ihr habt 2011/12 nicht das Handtuch geworfen und dem Futurum den Rücken gekehrt, auch nicht, als mancher Eurer Freunde ging. Ihr habt euch nicht beirren lassen von dem notwendig gewordenen zusätzlichen Jahr, ihr habt euch nicht beirren lassen durch den Kraftakt der Schulfremdenprüfung, kurz: ihr habt an eure Schule geglaubt. Das ist, wie die Vergangenheit gezeigt hat, überhaupt nicht selbstverständlich gewesen. Das ist eure eigentliche Leistung, die durch keine Prüfungsnote ausgedrückt werden kann. Das ist großartig, das ist gigantisch – mir gehen die Superlative aus, wenn ich beschreiben soll, wie durch eure Treue auch von uns als Macher dieser Schule eine Zentnerlast von den Schultern fällt. Durch euren hervorragenden Abschluss macht ihr es künftigen Schülergenerationen leichter, das System Futurum auszuprobieren und ich habe gar keine Sorge, dass alle, die bei uns einmal hineingeschaut haben, ganz schnell von den Vorzügen unserer Schule überzeugt sein werden und dass sie in Zukunft wieder wachsen wird.

Ich bin stolz auf eure Eltern. Sie, liebe Eltern, haben uns damals Vertrauen auf Vorschuss gegeben und Sie haben es auch nicht zurückgezogen als viele andere meinten, dies tun zu müssen. Ich weiß, wie schwer das ist. Ich habe selbst 3 Kinder und bin natürlich immer darauf bedacht gewesen, für sie das Beste, auch und gerade in Bildungsfragen, zu wollen. Die Ängste, die man da aussteht, wenn man sich unsicher sein muss, wenn man eben nicht weiß, ob es funktioniert, die sind immens. Unsere Kinder sind doch keine Versuchskaninchen. Gut, Sie haben unsere Herangehensweise verstanden und mitgetragen. Sie wollten Schule so, wie wir sie beschreiben. Und doch ist es nicht hoch genug zu bewerten, dass Sie uns Ihr Vertrauen auch in kritischen Zeiten nicht entzogen haben. Heute können wir ein Stückweit davon zurückzahlen. Heute können wir alle miteinander einschätzen: Ja, wir haben es richtig gemacht. Das ist ein Grund zum Feiern und das werden wir heute auch tun.

Ich bin stolz auf das Team unserer Mitarbeiter. Lehrerinnen und Lehrer vor allem haben mit Ausdauer und Fleiß, mit Liebe zu euch Jugendlichen den Spagat hinbekommen zwischen Leistungskonsolidierung und Festhalten an reformpädagogischen Ansätzen. Das mag manchmal einer Zerreißprobe gleichgekommen sein. Sie haben Ihren ganz persönlichen Anteil daran, dass dieses hervorragende Abschlussergebnis erzielt worden ist. Sie haben die Kinder vorbereitet mit Akribie. Und Sie haben ihnen das Gefühl gegeben, dass Sie an sie glauben. Und das ist möglicherweise manchmal wichtiger als die Vermittlung eines Wissensinhalts.

Sie alle, Schüler, Eltern, Lehrer, haben sich mit Ihrer Schule identifiziert. Sie haben selbst einen Stolz entwickelt, der sich vielleicht nur unter diesem Druck entwickeln konnte, dem wir in den letzten Jahren ausgesetzt waren. Sie sind Futuris, Futuristen – ich habe verschiedene Bezeichnungen gehört in den letzten Wochen. Aber der Satz: „Ich lerne am Futurum" ist zu einem Markenzeichen geworden. Und dieses Markenzeichen wird nicht mehr abschätzig, sondern mit Respekt und Hochachtung zur Kenntnis genommen.

Ich schiebe es zum großen Teil auf diesen euren Stolz, auf euer Selbstbewusstsein, auf eure Identifikation mit eurer Schule, dass ihr zu so einem hervorragenden Abschluss in der Lage gewesen seid. Ihr werdet eure Schule sicher nicht vergessen – und wir werden euch nicht vergessen.

Ein Wort aus der Bibel fällt mir ein – das mag nicht weiter verwundern, wenn man in Betracht zieht, dass wir eine evangelische Schule sind, wohl aber, wenn ich sage, dass es mir eingefallen ist, als ich an das Feiern dachte, das uns heute bevorsteht – denn das wird leider nicht so oft in der Bibel vermutet. Aber hören wir erst einmal drauf, was uns der Prediger zu sagen hat, im 9. Kapitel, Vers 7 steht: So geh hin und iss dein Brot mit Freuden. Trink deinen Wein mit gutem Mut. Denn solches dein Tun hat Gott schon längst gefallen. Ein erfrischendes Stück heilige Schrift, das wohl nicht jeder sofort aus der Bibel stammend vermutet hätte. Noch einmal: So geh hin und iss dein Brot mit Freuden. Trink deinen Wein mit gutem Mut. Denn solches dein Tun hat Gott schon längst gefallen.

Wissen Sie, wie oft ich in den vergangenen 17 Jahren Ev. Schulverein Vogtland berührt worden bin von dem Gedanken, dass Gott ja sagt zu dem, was wir tun? Dass es ihm gefällt? Dass er seinen Segen dazu gibt? Unzählige Male. Und heute ist wieder so ein Tag! Ja, das lasse ich mir heute wieder neu zusprechen: Dieses dein Tun hat Gott schon längst gefallen. Das ist für mich ein Grund zum Danken und es ist schön, dass wir einen Adressaten dafür kennen. Danke für die Begleitung, Gott, Danke für deinen Segen, für dein Ja zu uns, Danke auch für die Umwege, die wir gehen mussten, sie waren wichtig für uns, wir haben aus ihnen gelernt. Danke, Gott, für dein freundliches, verständnisvolles Lächeln, wenn du auf uns schaust.

Und was nun? Geh hin und iss dein Brot mit Freuden. Trink deinen Wein mit gutem Mut. Genau das werden wir heute tun. Das ist nicht nur legitim, sondern sowas von dran! Aber wir werden beim Feiern auch heute nicht stehenbleiben. Unser Hochgefühl heute ist nur ein Aussichtspunkt auf halber Höhe. Zugegeben, ein phantastischer, aber wir haben den Gipfel noch lange nicht erreicht. Wir müssen weiter aufsteigen – und Aufstiege können manchmal steil, zuweilen auch recht steinig sein. Wir wissen noch nicht, was nach der nächsten Wegbiegung auf uns zukommt. Genauso wenig, wie ihr das wisst, die ihr bei uns noch ein bisschen weitermachen wollt. Abitur – wie das klingt...! Wisst Ihr eigentlich, wie sehr ich mich auf den Sommer 2016 freue? Ich glaube, die Party nach der Abiturprüfung richte ich persönlich aus!

Wir wissen nicht, wie diese Jahre sein werden, die vor uns liegen. Wir wissen nicht, welchen Prüfungen, auch im übertragenen Sinn wir noch ausgesetzt sein werden. Aber was wir wissen ist: wir werden nicht nachlassen, das Beste für Euch, das Beste für Ihre Kinder zu wollen! Und wir werden auch weiter auf den Segen Gottes vertrauen dürfen. Das ist viel. Aber ich bin mir sicher: wir haben erst angefangen damit, Ihnen Ihr Vertrauen zurückzuzahlen. Wir werden genau damit weitermachen.

MIX
Papier aus verantwortungsvollen Quellen
Paper from responsible sources
FSC® C105338

Printed by Books on Demand GmbH, Norderstedt / Germany